Ao longo dos séculos, o Homem tem-se dividido quanto à forma como a política deve enformar a sua vida em sociedade, o que originou o aparecimento de inúmeras correntes e teorias políticas. Por isso, a «Biblioteca de Teoria Política» visa ser um ponto de encontro abrangente dos vários autores que num passado mais recente se dedicaram à reflexão e filosofia políticas, mas também das diversas orientações da moderna teoria política.

A Ideia de Socialismo

AXEL HONNETH

A *Ideia* de *Socialismo*
Tentativa de Atualização

Título original:
Die Idee des Sozialismus

Copyright © Suhrkamp Verlag Berlin 2015
Todos os direitos reservados e controlados pela Suhrkamp Verlag Berlin

Tradução: Marian Toldy e Teresa Toldy
Revisão: Edmundo Vale Cruz

Capa: FBA

Depósito Legal n.º 423139/17

Biblioteca Nacional de Portugal – Catalogação na Publicação

HONNETH, Axel, 1949-

A ideia de socialismo. - (Biblioteca de teoria política ; 15)
ISBN 978-972-44-1908-4

CDU 321

Paginação:
MA

Impressão e acabamento: Artipol, Artes Gráficas, Lda.

para
EDIÇÕES 70, LDA.
Dezembro de 2020
(Março de 2017)

Direitos reservados para Portugal
por Edições 70

EDIÇÕES 70, uma chancela de Edições Almedina, S.A.
Avenida Engenheiro Arantes e Oliveira, n.º 11 – 3.º C – 1900-221 Lisboa / Portugal
e-mail: geral@edicoes70.pt

www.edicoes70.pt

Esta obra está protegida pela lei. Não pode ser reproduzida,
no todo ou em parte, qualquer que seja o modo utilizado,
incluindo fotocópia e xerocópia, sem prévia autorização do Editor.
Qualquer transgressão à lei dos Direitos de Autor será passível
de procedimento judicial.

Aos meus filhos Johannes e Robert,
que tornaram sempre tudo mais fácil.

Prefácio

Há pouco menos de cem anos, o socialismo era um movimento tão forte na sociedade moderna que não havia praticamente nenhum grande teórico social da época que não considerasse necessário dedicar-lhe um tratado exaustivo, umas vezes mais crítico, outras mais marcado pela simpatia, mas sempre respeitoso. Tudo começou ainda no século XIX, com John Stuart Mill, ao qual se seguiram Émile Durkheim, Max Weber e Joseph Schumpeter, para referir apenas os nomes mais importantes; apesar de diferenças consideráveis no que diz respeito às suas convicções pessoais e à sua programática teórica, todos estes pensadores encaravam o socialismo como um desafio intelectual que acompanharia para sempre o capitalismo. Hoje, a situação mudou radicalmente. O socialismo, quando é, sequer, mencionado no contexto das teorias sociais, parece indiscutivelmente algo do passado; não se acredita que ele possa voltar alguma vez a despertar o entusiasmo das massas, nem se considera que seja adequado para apresentar alternativas inovadoras ao capitalismo atual. De um dia para outro – Max Weber esfregaria os olhos, admirado –, os papéis dos dois grandes adversários do século XIX inverteram-se: o futuro parece pertencer à religião, enquanto força ética, enquanto o socialismo, pelo contrário, é visto como uma criação intelectual do passado. A convicção de que esta inversão aconteceu demasiado depressa, não podendo, portanto, constituir toda a verdade, é um dos dois motivos que me levaram a escrever este livro: quero tentar provar, nas páginas que se seguem, que ainda existe uma faísca viva no socialismo, se houver determinação suficiente para libertar a sua ideia fundamental de uma estrutura de pensamento enraizada na primeira fase da industrialização, e se esta ideia for transplantada para uma teoria social, num novo enquadramento.

O segundo motivo que me orientou na formulação das reflexões que se seguem está fortemente relacionado com a receção do meu estudo mais recente e mais desenvolvido – *Das Recht der Freiheit*([1]). Tive de ouvir dizer frequentemente durante vários debates sobre este estudo que o horizonte normativo da Modernidade, constitutivo do meu ponto de partida metodológico, revela claramente que eu já não quero adotar a perspetiva crítica da transformação da ordem social existente([2]). Já abordei por escrito esta objeção, quando necessário e possível, para mostrar que a mesma se baseia num equívoco relacionado com restrições metodológicas que eu próprio me impus conscientemente([3]). No entanto, ainda tinha a impressão de continuar a ser necessário demonstrar que basta uma pequena mudança da perspetiva adotada no *Das Recht der Freiheit*, para que esta se possa abrir a uma ordem social concebida de forma completamente diferente do ponto de vista institucional. Por isso, ao contrário do que era a minha intenção original, vi-me levado a acrescentar um outro estudo mais reduzido ao grande estudo, de forma a tornar clara a visão para a qual as linhas do progresso que antes eu

---

([1]) Axel Honneth, *Das Recht der Freiheit. Grundriβ einer demoktratischen Sittlichkeit*, Berlim 2011.

([2]) Cf., por exemplo, os artigos em: *Special Issue on Axel Honneth's* Freedom's Right, *Critical Horizons*, 16/2 (2015).

([3]) Axel Honneth, «Rejoinder», *idem*, p. 204-226.

PREFÁCIO | 11

tinha reconstruído apenas de um ponto de vista interno teriam de facto de apontar.

Estes dois motivos levaram-me a aproveitar o convite para as chamadas Palestras de Leibniz, realizadas em Hannover, no ano de 2014, para fazer uma primeira tentativa de atualização das ideias fundamentais do socialismo. Estou muito grato aos colegas do Instituto de Filosofia de Hannover, sobretudo a Paul Hoyningen-Heune, pelo facto de me terem concedido espaço no seu ciclo de palestras anual para a abordagem de um tema que lhes é relativamente estranho. Os debates que se seguiram às minhas palestras nos três serões subsequentes constituíram um grande benefício para mim. Eles permitiram-me adquirir ideias claras acerca daquilo que era necessário rever e aprofundar. Acabei por incluir estes aspetos na segunda versão das minhas palestras, que se tornou substancialmente mais volumosa sobretudo no que diz respeito à revisão do socialismo. Por fim, um amável convite de Rüdiger Schmidt-Grépály para assumir este ano o *Distinguished Fellowship* do Colégio de Friedrich Nietzsche, em Weimar, que ele próprio dirige, deu-me a oportunidade de voltar a sujeitar a versão revista do meu texto à apreciação crítica de um público mais alargado. Neste mesmo período, realizou-se um seminário com bolseiros da Fundação Académica do Povo Alemão (*Studienstiftung des deutschen Volkes*) no Palácio de Wieland, em Oßmannstedt, perto de Weimar, que se prolongou por vários dias e que, graças a debates extremamente proveitosos, me permitiu obter ainda mais contributos para as últimas correções. Estou muito grato aos participantes deste seminário, assim como, naturalmente, ao diretor e aos colaboradores do colégio, pelo interesse demonstrado pelo meu trabalho.

Além disso, quero agradecer a todos os amigos e colegas que com os seus conselhos e as suas sugestões de melhorias me ajudaram na redação do manuscrito. Gostaria de começar por referir aqui Fred Neuhouser, um grande amigo e, ao mesmo tempo, um bom colega no *Department of Philosophy* da *Columbia*

University, em Nova Iorque, que sempre me encorajou muito durante o trabalho no presente texto, dando-me também uma série de sugestões valiosas. Além disso, aprendi muito com os comentários críticos de Eva Gilmer, Philipp Hölzing, Christine Pries-Honneth e Titus Stahl, relativos à primeira versão das minhas palestras. Estou-lhes muito grato pela disponibilidade e atenção com que me agraciam há muitos anos. Por fim, contei, como sempre, com a ajuda de Hannah Bayer e Frauke Köhler na compilação da bibliografia e na redação do manuscrito. Também lhes agradeço muito sinceramente.

AXEL HONNETH, junho de 2015.

Introdução

As sociedades em que vivemos estão marcadas por uma clivagem extremamente irritante e difícil de explicar. Por um lado, o desconforto em relação à situação socioeconómica e às condições de trabalho aumentou enormemente nas últimas décadas. Provavelmente, desde a Segunda Guerra Mundial que não havia tantas pessoas indignadas em simultâneo com as consequências sociais e políticas de uma economia de mercado capitalista desregulada globalmente. Por outro lado, esta indignação generalizada parece carecer de qualquer sentido de orientação, de qualquer sensibilidade histórica para encontrar um objetivo na crítica apresentada, pelo que esta permanece estranhamente muda e virada para dentro. É como se faltasse capacidade ao desconforto generalizado de pensar para além daquilo que existe e para imaginar uma situação social mais além do capitalismo. A dissociação entre a indignação e qualquer orientação para o futuro, entre qualquer protesto e todas as visões de algo melhor, constitui, de facto, uma novidade na história das sociedades modernas. Os grandes movimentos de revolta contra a sociedade capitalista sempre foram impulsionados, desde a Revolução Francesa, por utopias que imaginavam como a sociedade futura seria construída – basta lembrarmo-nos dos ludistas, das cooperativas de Robert Owens, do movimento dos conselhos ou dos ideais comunistas de uma sociedade sem classes. O fluir de tais correntes do pensamento utópico – como teria dito Ernst Bloch – parece hoje interrompido. Embora as pessoas saibam com bastante exatidão o que não querem e quais os aspetos revoltantes na situação social atual, ninguém tem qualquer ideia mais ou menos clara sobre a direção que uma mudança da situação atual deveria assumir.

É mais difícil encontrar uma explicação para este desaparecimento súbito de energias utópicas do que pode parecer à primeira vista. O colapso do regime comunista no ano de 1989, para o qual gostam de remeter os observadores intelectuais, a fim de deduzirem daí o desvanecimento de todas as esperanças numa sociedade para além do capitalismo, dificilmente poderá ser considerado a causa de toda esta situação, uma vez que as massas indignadas que se queixam, com razão, do fosso crescente entre pobreza pública e riqueza privada, sem, no entanto, disporem de uma ideia concreta de uma sociedade melhor, não precisavam, certamente, da queda do Muro para serem convencidas de que o socialismo estatal do tipo soviético só oferecia benefícios sociais à custa da falta de liberdade. Além disso, o facto de não ter existido qualquer alternativa real ao capitalismo até à Revolução Russa não impediu, de maneira alguma, as pessoas de imaginarem no século XIX uma convivência não violenta baseada na solidariedade e na justiça. Portanto, por que razão haveria a bancarrota do bloco de poder comunista de ter levado subitamente a que esta capacidade, com raízes aparentemente profundas, para a transcendência utópica do estado atual esteja hoje atrofiada? É também frequente explicar a estranha ausência de futuro e de imaginação na indignação atual através da mudança abrupta da nossa perceção coletiva do tempo: o início da «Pós-Modernidade», primeiro, na arte e na arquitetura, mas, depois, também em toda a cultura, teria levado a uma desvalorização tão profunda das ideias de progresso orientado, características da Modernidade, que, hoje, predominaria a consciência coletiva da repetição da história. De acordo com a segunda explicação, partindo desta nova compreensão pós-moderna da história, as visões de uma vida melhor teriam deixado de ser viáveis, uma vez que teria desaparecido a ideia de que o presente tende a transcender-se desde sempre a si próprio, devido às potencialidades que lhe são próprias, apontando para um futuro aberto, de aperfeiçoamentos constantes. Muito pelo contrário, o tempo futuro seria entretanto imaginado apenas como algo que não tem nada a oferecer senão uma simples reprodução de formas de vida ou de modelos sociais já conhecidos do passado. No entanto, já o facto de, noutros contextos funcionais, ainda contarmos com progressos desejáveis, nomeadamente, por exemplo, na medicina ou na implementação dos direitos humanos, levanta, realmente, dúvidas acerca da plausibilidade desta explicação: por que razão haveria a capacidade de imaginação transcendente de ser escassa apenas nesta área, isto é, na área da reformabilidade da sociedade, quando esta capacidade ainda parece em grande parte intacta noutros domínios? A tese de uma consciência da história radicalmente diferente pressupõe que se teria perdido hoje qualquer antecipação de novidade social, ignorando as fortes esperanças, certamente exageradas, associadas atualmente, por exemplo, a uma implementação dos direitos humanos a nível mundial([4]). Por conseguinte, a terceira explicação poderia remeter para a diferença que existe entre os dois domínios referidos, isto é, entre uma transposição, neutra em termos estruturais, de direitos sancionados a nível internacional e uma remodelação das instituições sociais básicas, para concluir que as forças utópicas só ficaram paralisadas no que diz respeito ao segundo domínio. Tenho a sensação de que esta tese

---

([4]) Samuel Moyn, *The Last Utopia. Human Rights in History*, Cambridge/Mass. 2010.

é a mais próxima da verdade, mas necessita de ser enriquecida, obviamente, uma vez que também é preciso explicar por que razão haverá de ser precisamente a matéria sociopolítica a não poder ser carregada de esperanças utópicas. Poderá ser útil chamar a atenção neste contexto para o facto de a consciência pública considerar os processos socioeconómicos demasiado complexos e, portanto, confusos, para ser possível interferir nos mesmos com um determinado objetivo. Ao que parece, foram sobretudo os processos de globalização económica, com transações de uma rapidez quase incompreensível, que levaram ao surgimento de uma espécie de patologia de segunda ordem consistindo esta no facto de a população encarar as condições institucionais de convivência apenas como relações «objetivas», como factos que escapam a qualquer intervenção humana[5]. A famosa análise do fetichismo, desenvolvida por Marx no primeiro volume de *O Capital*, só hoje obteria a sua justiça histórica; não teria sido no passado do capitalismo, quando o movimento dos trabalhadores pensava, nos seus sonhos e nas suas visões, que ainda seria possível mudar a situação então existente[6], mas sim, no presente, que se teria difundido a convicção generalizada de que as relações sociais são, de uma forma peculiar, «relações sociais das coisas»[7]. Se assim fosse – e a observação do quotidiano, assim como as análises empíricas parecem confirmá-lo[8] –, a nossa capacidade de antecipar melhorias sociais na estrutura fundamental das sociedades atuais não poderia desenvolver-se, uma vez que se considera

---

[5] Titus Stahl, *Immanente Kritik. Elemente einer Theorie sozialer Praktiken*, Frankfurt/M. 2013.
[6] Cf. Jacques Rancière, *Die Nacht der Proletarier. Archive des Arbeitertraums*, Viena 2013.
[7] Karl Marx, *Das Kapital*, em: Karl Marx/Friedrich Engels, *Werke (MEW)*, Vol. 23, Berlim 1971, p. 87.
[8] Cf., por exemplo: Pierre Bourdieu et al, *Das Elend der Welt. Zeugnisse und Diagnosen alltäglichen Leidens an der Gesellschaft*, Constança 2002.

INTRODUÇÃO | 17

que esta, tal como as coisas, é praticamente inalterável na sua substância. Não seria a ausência de uma alternativa realmente existente ao capitalismo, nem uma mudança fundamental na nossa compreensão da história, mas sim a predominância de uma conceção fetichista das relações sociais que deveria ser responsabilizada pelo facto de a indignação generalizada por causa da distribuição escandalosa da riqueza e do poder ter perdido hoje de forma tão evidente qualquer sentido como objetivo alcançável.

No entanto, esta terceira explicação também é insuficiente, uma vez que não esclarece por que motivos as utopias tradicionais já não possuem o poder de dissolver ou pelo menos de perfurar a consciência quotidiana reificante. É que as utopias socialistas e comunistas possuíram durante mais de um século a capacidade de exaltar tão fortemente os ânimos dos envolvidos com visões de uma melhor vida em conjunto que foram imunes às tendências, certamente também então existentes, para a hipostatização dos processos sociais. A dimensão daquilo que as pessoas consideram «inevitável» em dada época e, portanto, necessário na sua ordem social, depende, em grande medida, de fatores culturais, entre estes, sobretudo da influência de modelos de interpretação políticos capazes de apresentar o aparentemente necessário como coletivamente alterável. Barrington Moore mostrou no seu estudo histórico *Injustiça*, de forma convincente, como o sentimento de inevitabilidade sem esperança entre os trabalhadores alemães começou a desaparecer no momento em que novas interpretações poderosas conseguiram mostrar-lhes que a realidade institucional é algo que se deve simplesmente a arranjos, possuindo o caráter de algo negociado[9]. No entanto, estas reflexões tornaram ainda mais premente saber que razões levam a que, hoje, todos os ideais clássicos, outrora influentes,

---

[9] Barrington Moore, *Ungerechtigkeit. Die sozialen Ursachen von Unterordnung und Widerstand*, Frankfurt/M. 1982, sobretudo Cap. 14.

tenham perdido o seu efeito revelador e destruidor da reificação. Para perguntar de forma ainda mais concreta: por que razão deixaram há muito as visões do socialismo de possuir o poder de convencer os envolvidos de que, através de esforços coletivos, seria possível mudar para melhor aquilo que parece «inevitável»? E foi assim que cheguei ao tema das reflexões que gostaria de desenvolver nos quatro capítulos deste breve estudo. Interessam-me agora duas questões relacionadas entre si e que, na minha opinião, continuam a ser da máxima atualidade do ponto de vista das ideias políticas: primeiro, quero procurar as razões internas ou externas para as ideias do socialismo terem perdido, de forma aparentemente irrevogável, o potencial inspirador que possuíram noutros tempos; segundo, à luz destas razões, pretendo indagar quais as alterações conceptuais necessárias às ideias socialistas para que estas possam recuperar a virulência perdida. No entanto, as minhas intenções obrigam-me, primeiro, a reconstruir, de forma tão clara quanto possível, a ideia original do socialismo (I.); só depois, num segundo passo é que me debruçarei sobre as razões que levaram ao envelhecimento destas ideias (II.). Nos dois últimos capítulos tentarei recuperar, mais uma vez, estas ideias envelhecidas recorrendo a inovações conceptuais (III. e IV.). Quero ainda realçar desde já que todas as considerações desenvolvidas em seguida possuem um caráter metapolítico, uma vez que não procuro, em ponto algum, estabelecer ligações com as constelações políticas e com possibilidades de ação na atualidade. Não está aqui em causa a questão estratégica da forma como o socialismo poderia influenciar hoje os acontecimentos da política quotidiana, mas exclusivamente a questão de saber como se poderia voltar a formular o seu objetivo original de modo a que este se pudesse tornar novamente uma fonte de orientações políticas e éticas.

I.

A ideia original:
absorção da revolução pela liberdade social

A ideia do socialismo é uma filha espiritual da industrialização capitalista. Ela nasceu quando ficou demonstrado que as suas exigências de liberdade, igualdade e fraternidade da Revolução Francesa não passavam de promessas vazias para uma grande parte da população, estando, portanto, muito longe de se concretizar na sociedade. É verdade que o conceito de «socialismo» já tinha entrado na linguagem das polémicas filosóficas muito antes, nomeadamente, na segunda metade do século XVIII, quando os eclesiásticos católicos procuraram desmascarar a escola alemã do direito natural como uma heresia perigosa. Nessa altura, a expressão polémica «*socialistae*», um neologismo baseado na palavra latina «*socialis*», referia-se à tendência, presumível no pensamento de Grotius e Pufendorf, para fundamentar a ordem jurídica da sociedade na inclinação humana para a «sociabilidade», e não na revelação divina([10]).

([10]) Wolfgang Schieder, «Sozialismus», em: *Geschichtliche Grundbegriffe. Historisches Lexikon zur politisch-sozialen Sprache in Deutschland*, Otto Brunner, Werner Conze e Reinhart Koselleck (Org.), Vol. 5, Estugarda 1984, p. 923--996; aqui: p. 924-927.

Esta utilização crítica leva-nos diretamente aos manuais das ciências jurídicas do final do século XVIII, nos quais, sobretudo no espaço de língua alemã, o conceito «*Socialisten*» designa sobretudo Pufendorf e os seus discípulos. Contudo, entretanto a palavra perdeu todo o seu caráter de acusação, passando a designar apenas, de forma neutra, a intenção de apresentar o direito natural como fundamentado, em termos seculares, na inclinação para a sociabilidade[11]. Porém, quando cerca de trinta anos mais tarde, nos anos vinte e trinta do século XIX, as palavras inglesas «*socialist*» e «*socialism*» começaram a circular na Europa, o seu significado já não tinha nada que ver com a sua utilização original nos debates sobre o direito natural. Os apoiantes de Robert Owens, na Inglaterra, e os fourieristas, em França, utilizavam estes dois conceitos, como se se tratasse de um neologismo, para se descreverem a si próprios, sem lhes associar qualquer intenção de interferir nas polémicas filosóficas em torno da fundamentação do direito[12]. No seu novo uso, as duas palavras passaram a referir-se, pelo contrário, a «movimentos orientados para o futuro» (Wolfgang Schieder), designando a intenção política de contribuir, através da fundação de associações coletivas, para a aproximação da sociedade existente a uma situação que se poderia, sequer, considerar «social».

É certo que já haviam sido empreendidos esforços muito antes da primeira metade do século XIX para transformar a sociedade numa sociedade «social» através de medidas específicas – lembremo-nos das tentativas que os filósofos escoceses fizeram para desenvolver os princípios de uma comunidade ordenada com base nos sentimentos humanos de simpatia

---

[11] *Idem*, p. 930-934.
[12] *Idem*, p. 934-939. Carl Grünberg faz remontar esta utilização mais recente do termo «*socialist*» aos apoiantes de Robert Owens, na Inglaterra, nos anos vinte do século XIX: Carl Grünberg, «Der Ursprung der Worte "Sozialismus" und "Sozialist"», em: *Archiv für die Geschichte des Sozialismus und der Arbeiterbewegung*, 2 (1912), p. 372-379.

A IDEIA ORIGINAL | 21

recíproca. O próprio Gottfried Wilhelm Leibniz, insuspeito de qualquer associação ao socialismo, nutrira pensamentos deste tipo na sua juventude, quando ambições políticas o levaram a elaborar planos para a criação de associações de académicos, chamadas inicialmente «sociedades» (*Sozietäten*). Seguindo o modelo platónico do governo dos filósofos, estas organizações, mais tarde designadas como «academias», deviam servir o bem comum da sociedade, assumindo não só funções relacionadas com a política da educação e da cultura, mas também responsabilidades no enquadramento social da vida económica[13].

O pequeno manuscrito intitulado «Sociedade e economia» («*Sozietät und Wirtschaft*»), redigido por Leibniz no ano de 1671, considera fazer parte das tarefas económicas das futuras academias zelar para que o apoio financeiro aos pobres, assim como a garantia de um salário mínimo pusessem termo à concorrência económica, criando, assim, um «verdadeiro amor e confiança» entre os membros da sociedade[14]. Algumas passagens do manuscrito de Leibniz quase parecem uma antecipação das intenções radicais às quais Charles Fourier associaria, cento e cinquenta anos mais tarde, a criação das suas cooperativas batizadas como «*Phalanstères*»[15].

No entanto, quando Fourier elaborou os seus planos para uma sociedade cooperativa, já trabalhava sob condições normativas completamente diferentes daquelas de que Leibniz dispunha no seu ambiente feudal, uma vez que, entretanto, a Revolução Francesa, com os seus princípios da liberdade, igualdade e fraternidade, tinha criado padrões morais relativos a uma ordem social justa aos quais qualquer pessoa com intenções de

---

[13] Hans Heinz Holz, «Einleitung», em: Gottfried Wilhelm Leibniz, *Politische Schriften II*, Hans Heinz Holz (Org.), Frankfurt/M. 1967, p. 5-20.
[14] Gottfried Wilhelm Leibniz, «Sozietät und Wirtschaft» [1671], em: Gottfried Wilhelm Leibniz, *Politische Schriften II, ibidem*, p. 127-130, aqui: 129.
[15] Charles Fourier, *Theorie der vier Bewegungen und der allgemeinen Bestimmungen*, Theodor W. Adorno (Org.), Frankfurt/M. 1960, p. 50-56.

melhorar as condições sociais se podia referir. Os pensadores e ativistas que, nos anos trinta do século XIX, tanto em França, como na Inglaterra, começaram a designar-se como «socialistas» faziam-no com plena consciência desta dependência normativa das inovações revolucionárias. Ao contrário de Leibniz ou de outros reformadores sociais na época pré-burguesa, que tinham de conceber os seus projetos como algo sem cobertura da realidade política, estes pensadores e ativistas já podiam invocar princípios institucionalizados e certificados universalmente para deduzirem daí consequências mais radicais. É certo que a forma como os grupos recém-nascidos, que podem ser designados, retrospetivamente, como «proto-socialistas», tentaram partir das três normas estabelecidas com a Revolução Francesa não foi completamente óbvia desde o início. É verdade que desde os anos trinta do século XIX existiram contactos frequentes entre os seguidores de Robert Owens, na Inglaterra, e os dois movimentos dos saint-simonistas e dos fourieristas, em França – a ideia de se designarem todos como «socialistas» só surgiu, provavelmente, depois de Owen ter visitado Fourier em Paris, em 1837 – ([16]), mas as conceções relacionadas com as mudanças sociais a conquistar eram tão díspares que não permitiam reconhecer um objetivo partilhado.

O ponto de partida do levantamento contra a ordem social pós-revolucionária residiu, certamente, em todos os três grupos na indignação contra o facto de o alargamento do mercado capitalista, então também em curso, ter impedido uma grande parte da população de beneficiar dos princípios da liberdade e igualdade, entretanto prometidos([17]). O facto de, apesar da sua

---

([16]) Schieder, «Sozialismus», *ibidem*, p. 936.
([17]) Sobre a origem e história do socialismo cf., por exemplo: George Lichtheim, *Ursprünge des Sozialismus*, Gütersloh 1969; George Lichtheim, *Kurze Geschichte des Sozialismus*, Frankfurt/M., Viena e Zurique 1977; G.D.H. Cole, *Socialista Thought*, Vol. I: *The Forenrunners 1789-1850*, Londres 1955; Jacques Droz (Org.), *Geschichte des Sozialismus*, Vol. II: *Der utopische Sozialismus bis 1848*,

dedicação, os trabalhadores com as suas famílias estarem sujeitos no campo ou nas cidades à arbitrariedade dos proprietários das fábricas e das terras, que, por considerações de rentabilidade, lhes impunham uma vida de miséria e de ameaça permanentes de empobrecimento era considerado algo «degradante», «vergonhoso» ou simplesmente «imoral». Se quisermos, eventualmente, encontrar um denominador comum para a reação normativa constitutiva da resposta inicial à perceção desta situação social por parte de todas as correntes da primeira fase do socialismo atrás referidas, será útil começar por seguir uma sugestão de Émile Durkheim. De acordo com a proposta do sociólogo francês, ao tentar definir o conteúdo do conceito nas suas famosas palestras sobre o «socialismo», as diversas doutrinas socialistas coincidiram na intenção de voltar a submeter ao poder de decisão da sociedade (representado pelo Estado) as funções económicas que haviam escapado ao controlo social. Apesar das grandes diferenças existentes entre as numerosas subcorrentes do socialismo em aspetos específicos, Durkheim estava convencido de que todas elas partilham fundamentalmente a ideia de que a miséria das massas trabalhadoras só pode ser eliminada através de uma reorganização da esfera económica que passe por uma articulação entre as atividades exercidas na mesma e a formação da vontade a nível social[18]. Embora esta definição ainda não seja suficiente para compreender realmente a intenção normativa do socialismo, permite reconhecer

---

Frankfurt/M., Berlim e Viena 1974. Uma análise interessante da sociologia do conhecimento: Robert Wuthnow, *Communities of Discourse. Ideology and Social Structure in the Reformation, the Einlightenment, and the European Socialism*, Cambridge/Mass. 1989, Parte III.

[18] Émile Durkheim, *Le socialisme* [1928], Paris 2011, p. 49: «On appelle socialiste toute doctrine que reclame le rattachement de toutes les fonctions économiques, ou de certaines d'entre ells qui sont actuellement diffuses, aux centres directeurs et conscients de la société.» Uma definição muito semelhante procura oferecer também John Dewey nas suas *Lectures in China*: John Dewey, *Lectures in China, 1919-1920*, Honolulu 1973, p. 117ss.

a base comum a todos os movimentos e escolas que haveriam de se desenvolver pouco depois em seu nome: quer se trate de Robert Owen e dos seus seguidores, quer de Saint-Simon e da sua escola ou ainda dos fourieristas, todos estes grupos consideram como causa primária da injustiça contra a população trabalhadora o facto de o mercado capitalista ter escapado ao controlo social, obedecendo, portanto, apenas às suas próprias leis de oferta e procura.

No entanto, se olharmos com mais atenção e se, deixando de lado as diferenças, atentarmos no vocabulário partilhado pelos movimentos da primeira fase do socialismo, descobriremos rapidamente que a proposta de Durkheim nem sequer tenta esclarecer a ligação normativa destes grupos aos ideais da Revolução Francesa[19]. Ele refere-se sempre a estes grupos como se eles visassem exclusivamente o mesmo problema técnico da sociedade, isto é, o da reintegração social do mercado, e não o objetivo historicamente muito mais próximo de concretização para a massa da população dos princípios, proclamados universalmente, da liberdade, igualdade e fraternidade. Houve outras tentativas, cujos esforços para compreender as ambições centrais do socialismo foram sem dúvida impressionantes, que sofreram desta ignorância relativamente às forças motrizes morais do novo movimento. Basta referir aqui a título de exemplo John Stuart Mill e Joseph Schumpeter, cujos tratados têm uma tendência notória para reduzir o projeto socialista à ideia da distribuição mais justa dos recursos, sem referirem de forma mais pormenorizada as intenções morais ou éticas subjacentes ao mesmo[20].
No entanto, se olharmos com mais atenção para os projetos dos

---

[19] Sobre esta ligação normativa aos ideais da Revolução Francesa cf. também: Wuthnow, *Communities of Discourse*, ibidem, p. 370 ss.
[20] John Stuart Mill, «Chapters on Socialism» [1879], em: John Stuart Mill, *Principles of Political Economy*, Oxford 1998, p. 369-436; Joseph Schumpeter, «Sozialistische Möglichkeiten von heute» [1920/21], em: Joseph Schumpeter, *Aufsätze zur ökonomischen Theorie*, Tübingen 1952, p. 465-510.

A IDEIA ORIGINAL | 25

primeiros pensadores que se designaram como «socialistas», torna-se subitamente claro em que medida estes foram de facto movidos por princípios genuinamente normativos que eles estavam convictos de poderem tirar do catálogo das exigências da revolução que os antecedeu: Robert Owen, mais prático do que teórico e certamente o menos influenciado pelas repercussões da grande revolução, justifica a criação de cooperativas de trabalhadores em New Lanark argumentando que a experiência de trabalho para benefício recíproco educaria os membros das classes baixas para uma «benevolência recíproca» e, portanto, para uma solidariedade que acabaria por incluir os próprios estranhos([21]). Saint-Simon e os seus discípulos, embora com uma fundamentação substancialmente mais forte na filosofia social, também estavam convencidos de que a falta de liberdade real dos trabalhadores nas condições do capitalismo só poderia ser superada através de uma ordem social na qual, graças a um planeamento centralizado, todos seriam remunerados de acordo com as suas capacidades, criando-se, assim, uma «associação universal» de membros que se apoiariam mutuamente([22]). Por fim, Fourier e os seus discípulos também justificam os seus planos de uma comunidade cooperativa afirmando que só a criação de associações voluntárias de produtores, das já referidas «*phalanstères*», poderia satisfazer adequadamente a exigência normativa de uma cooperação livre de todos os membros da sociedade([23]). Nenhuma destas justificações dos

---

([21]) Robert Owen, «Eine neue Gesellschaftsauffassung» [1813], em: Michael Vester (Org.), *Die Frühsozialisten 1789-1848*, Vol. I, Reinbeck bei Hamburg 1970, p. 35-55; cf. sobre Owen também: Cole, *Socialist Thought*, Vol. I, *ibidem*, Cap. IX e XI; Droz (Org.), *Gechichte des Sozialismus*, Vol. II, *ibidem*, p. 29-48.
([22]) Gottfried Salomon-Delatour (Org.), *Die Lehre Saint-Simons*, Neuwied 1962; Droz (Org.), *Geschichte des Sozialismus*, Vol. II, *ibidem*, p. 113-130.
([23]) Fourier, *Theorie der vier Bewegungen*, *ibidem*, p. 50-56; Droz (Org.), *Geschichte des Sozialismus*, Vol. II, *ibidem*, p. 131-143.

objetivos socialistas apresenta a transferência dos meios de produção para a propriedade comunitária como um simples objetivo em si mesmo. Pelo contrário, quando é sequer considerada uma medida necessária, ela serve apenas de condição prévia indispensável para ser possível concretizar exigências completamente diferentes, nomeadamente e em última análise, exigências morais. O primeiro e o último elemento do catálogo dos princípios da Revolução Francesa, portanto a «liberdade» e a «fraternidade», estão sempre em primeiro plano, enquanto a «igualdade» não desempenha frequentemente senão um papel subalterno. A leitura dos textos dá, por vezes, até a sensação de que os três grupos socialistas já se davam por satisfeitos com a igualdade jurídica parcialmente institucionalizada no seu tempo, aspirando sobretudo a construir uma comunidade solidária de produtores sobre esta base jurídica que se completariam reciprocamente nas suas capacidades e contributos. O pano de fundo destas ideias normativas é constituído por uma convicção que, apesar de ser mencionada lateralmente nos escritos dos diversos autores, representa uma fonte importante da sua concordância. Eles partem todos do princípio de que o conceito de liberdade individual, formulado até então sobretudo numa perspetiva jurídica, é demasiado estreito para poder ser compatibilizado com o princípio da fraternidade, que também se constitui como um objetivo. Com um pouco de benevolência hermenêutica, seria possível dizer que os três grupos da primeira fase do socialismo descobrem uma contradição interna no catálogo dos princípios da Revolução que se deve ao facto de a liberdade exigida ser compreendida apenas do ponto de vista jurídico ou individualista. Por isso, trabalham todos, sem terem plena consciência disso, na tentativa de alargar o conceito liberal de liberdade de forma a torná-lo de alguma maneira compatível com o outro objetivo – a «fraternidade».

A intenção de reconciliar entre si os princípios da «liberdade» e da «fraternidade», através da reinterpretação do primeiro, torna-se ainda mais clara quando nos debruçamos sobre os autores que se seguiram à primeira vaga de grupos socialistas. Tanto Louis Blanc, como Pierre-Joseph Proudhon, que noutros aspetos percorreram caminhos muito distintos[24], justificam a sua crítica à economia de mercado em expansão argumentando que os fundamentos institucionais desta economia refletem uma compreensão da liberdade que associa a mesma à procura de interesses puramente privados, ao «egoísmo privado», como diz Blanc[25]. Enquanto se mantiver uma interpretação tão estreita da liberdade individual, não só não será possível mudar nada no que diz respeito às relações económicas perversas, como também não será possível concretizar a aspiração que existe oficialmente a uma convivência «fraterna» ou solidária. Sendo assim, Blanc e Proudhon partem do princípio de que a tarefa do socialismo pelo qual pugnam consiste em eliminar uma contradição nas exigências levantadas em simultâneo com a Revolução Francesa: não é possível dar qualquer passo na concretização do objetivo normativo da fraternidade, da entreajuda solidária, porque o outro objetivo – o da liberdade – é concebido exclusivamente nas categorias de um egoísmo privado refletidas nas relações de concorrência do mercado capitalista. Por conseguinte, os planos de política económica desenvolvidos por Blanc e Proudhon, para completar ou substituir o mercado por outras formas de produção e de distribuição[26], são orientados pela intenção de concretizar na esfera da ação económica uma espécie de «liberdade» que deixe de impedir a realização da aspiração à «fraternidade» ainda existente. As exigências normativas da

---

[24] Cf. Cole, *Socialist Thought*, Vol. I, ibidem, Cap. XIX.
[25] Louis Blanc, «Organisation der Arbeit» (Excerto), em: Lisa Herzog/ Axel Honneth (Org.), *Der Wert des Marktes. Ein ökonomisch-philosophischer Diskurs vom 18. Jahrhundert bis zur Gegenwart*, Berlim 2014, p. 174-190, aqui: p. 176.
[26] Sobre as diferenciações cf. novamente: Cole, *Socialist Thought*, Vol. I, ibidem, Cap. XV e XIX.

Revolução Francesa só podem ser concretizadas sem contradições quando for possível colocar a liberdade individual no centro da força económica da nova sociedade, não como uma forma de prosseguir interesses privados, mas como uma completação recíproca solidária. Se retomarmos agora a forma como Durkheim define a ideia fundamental do socialismo, poderemos registar o primeiro resultado provisório: embora o sociólogo francês tenha razão ao afirmar que todos os projetos socialistas se baseiam na intenção comum de devolver as atividades económicas ao horizonte da formação da vontade social, ignora simultaneamente as razões normativas que estão na raiz desta intenção. Os representantes da primeira fase do socialismo não pretendem simplesmente a submissão da esfera económica a diretivas sociais, para evitar a desgraça de uma moralização parcial da sociedade, isto é, de uma moralização que para às portas da economia. A primeira preocupação destes autores também não é garantir apenas uma distribuição mais justa de recursos vitais, através de uma nova ordem económica. Pelo contrário, a comunitarização mais radical da produção deve servir o objetivo moral de retirar à liberdade proclamada pela revolução o caráter de prosseguimento de interesses puramente privados, para a tornar compatível com a outra promessa revolucionária da fraternidade sob a forma de uma nova forma de cooperação voluntária([27]). O socialismo representa, portanto, desde o início, um movimento de crítica imanente à ordem social moderna, capitalista. Aceitam-se os seus fundamentos normativos de legitimação, isto é, a liberdade, igualdade e fraternidade, mas duvida-se que seja possível

---

([27]) A distinção entre duas conceções de «socialismo» que introduzo aqui é semelhante à distinção de David Miller entre duas abordagens à crítica socialista do capitalismo, invocando uma mais princípios da justiça distributiva e outra argumentos da «*quality of life*»: David Miller, «In What Sense Must Socialism be Communitarian?», em: *Social Philosophy and Policy*, 6/2 (1989), p. 51-73.

realizá-los sem contradições se a liberdade não for pensada de forma menos individualista e, portanto, mais no sentido de uma concretização intersubjetiva.

No entanto, os textos dos autores referidos até aqui não são muito úteis para compreender este novo conceito de liberdade – o elemento fulcral de todo o movimento. É certo que os primeiros grupos utilizam categorias como «associação», «cooperação» ou «comunidade» para tornar claro através dos seus modelos económicos, muito distintos entre si, que, nas novas formas de produção e distribuição, a autorrealização de uma pessoa deve estar estreitamente associada à condição prévia de autodesenvolvimento da outra. No entanto, não fazem qualquer esforço conceptual para apresentar as formas de interligação intersubjetiva assim caracterizadas como alternativas à conceção de liberdade puramente individualista da tradição liberal. Proudhon, mesmo assim, já vai um pouco mais longe, ao afirmar no seu escrito publicado em 1849 e intitulado *Confissões de um revolucionário* que, «do ponto de vista social, a liberdade e solidariedade [são] expressões idênticas» ([28]). Proudhon desenvolve esta ideia, que alude claramente ao vocabulário da Revolução, acrescentando que, ao contrário da Declaração dos Direitos do Cidadão, de 1793, o socialista entende a «liberdade de cada um» não como um «obstáculo», mas sim como uma «ajuda» à liberdade de todos os outros ([29]). No entanto, esta proposta inovadora de um conceito inovador volta logo a tornar-se confusa quando Proudhon, no passo seguinte da sua argumentação relativa à viabilização de uma tal liberdade intersubjetiva, recomenda a criação de bancos populares que concedam empréstimos sem juros a pequenas cooperativas de trabalhadores. De repente, é como se, de acordo com o seu credo, fosse suposto apenas a liberdade individual

---

([28]) Pierre-Joseph Proudhon, *Bekenntnisse eines Revolutionärs* [1849], Reinbek bei Hamburg 1969, p. 150.
([29]) *Ibidem*.

encontrar no outro uma espécie de apoio e ajuda, mas não uma condição imprescindível para a sua concretização(³⁰). Proudhon ainda oscila entre dois projetos alternativos para o conceito individualista de liberdade cujas diferenças consistem no facto de, no primeiro, o ato livre já poder ser considerado algo concluído antes da participação do outro, enquanto, no segundo, esta ação só se completa neste envolvimento, concluindo-se através deste. A preferência por um dos dois conceitos ditará a forma como se irá imaginar também a estrutura daquelas «associações» ou «comunidades» na qual é suposto a sociedade tornar-se «social», fazendo coincidir liberdade e fraternidade. No primeiro caso, a sociedade é constituída por membros já livres que recebem impulsos e apoios adicionais através da interação cooperativa, mas não a sua liberdade; no segundo caso, pelo contrário, a cooperação na comunidade é vista como a condição social que permite aos membros chegar sequer à plena liberdade, uma vez que podem completar reciprocamente os seus planos de ação ainda por concluir.

Os escritos dos primeiros socialistas, tal como os de Proudhon, ainda não têm suficientemente em conta estas diferenciações na compreensão da «liberdade social», como eu gostaria de referir a partir de agora. Embora já se verificasse uma consciência clara de que só seria possível prosseguir o projeto por concluir da revolução burguesa se fosse possível ultrapassar a perspetiva individualista da liberdade que se reflete sobretudo na economia de mercado capitalista, de modo a tornar esta compatível com a exigência simultânea de fraternidade, ainda não existiam meios conceptuais que permitissem compreender o significado de associar diretamente a conquista de liberdade individual ao pressuposto de uma convivência solidária. Será o jovem Karl Marx a fazer as primeiras tentativas para dar este passo, quando,

---

(³⁰) Para esta questão cf. sobretudo as reflexões de Proudhon sobre o princípio da «reciprocidade»: *ibidem*, p. 156s.

mais ou menos simultaneamente a Proudhon, assumir a tarefa de esclarecer os fundamentos teóricos do novo movimento socialista([31]). Dada a origem alemã do teórico exilado em Paris, muito familiarizado com as tentativas de fundamentação dos seus companheiros franceses, a explicação dos objetivos de um projeto que começou por ser partilhado no horizonte normativo da revolução entendida como não concluída não constituía um desafio imediato. Por isso, foi-lhe possível prescindir, em grande parte, de termos como «fraternidade», «liberdade» ou «solidariedade» e retomar, em vez disso, as tentativas contemporâneas no seu país natal, dando um seguimento produtivo à herança de Hegel. Esta ligação à terminologia de um idealismo reinterpretado por Feuerbach em termos naturalistas permitir-lhe-á ganhar em clareza conceptual, mas terá como desvantagem uma maior opacidade no que diz respeito ao impulso político e moral. Aliás, as primeiras obras de Marx também revelam ainda a intenção clara de demonstrar o caráter individualista do conceito de liberdade utilizado na economia política e aplicado no mercado capitalista, conceito esse incompatível com as exigências de uma «verdadeira» comunidade de todos os membros da sociedade. Sendo assim, aquilo que o jovem exilado escreveu nos anos quarenta do século XIX também pode ser entendido como mais um passo no caminho para o desenvolvimento de uma ideia de socialismo imanente, a partir dos objetivos contraditórios da ordem social liberal.

Marx, num dos seus textos mais importantes dos anos quarenta do século XIX, ao qual tem sido prestada muita atenção ultimamente, explica, sob a forma de comentários ao livro de James Mill dedicado à economia política, aquilo que considera

---

([31]) As páginas que se seguem debruçar-se-ão sobre a obra de Marx apenas na medida em que esta se tornou relevante para a autocompreensão do movimento socialista. Não se pretende aqui, de maneira alguma, um debate fundamental sobre a sua teoria geral. Fazê-lo exigiria não só dizer mais mas também dizer outras coisas nas diversas secções do presente livro.

errado na constituição da sociedade que lhe era contemporânea, assim como as suas ideias de uma sociedade intacta([32]).

Estes comentários revelam ainda mais claramente do que os famosos «Manuscritos de Paris» toda a dependência de Marx em relação a Hegel, que se reflete no facto de os dois modelos sociais contrastantes serem caracterizados recorrendo a dois modos distintos de reconhecimento mútuo. Segundo Marx, numa sociedade capitalista, os seus membros relacionam-se entre si, quando muito, de forma indireta, trocando os seus produtos num mercado anonimizado com ajuda do dinheiro. Se os outros participantes do mercado recaem, sequer, no campo de atenção de sujeitos específicos, no âmbito destas relações, isto deve-se exclusivamente à qualidade abstrata da sua perspicácia empresarial e à orientação dos seus interesses, e não à sua necessidade e individualidade concreta – Marx afirma, numa alusão irónica a Adam Smith, que, numa sociedade deste tipo, os seus membros não passam de «comerciantes» uns para os outros([33]). Por isso, o reconhecimento que os membros devem uns aos outros, para poderem sequer constituir uma comunidade integrada, assume aqui a forma de uma confirmação recíproca do direito a «ludibriar» o outro. O texto afirma rudemente que as pessoas, nas suas «relações sociais», não se completam umas às outras através de ações levadas a cabo individualmente. Estas ações devem-se apenas «à intenção de pilhar»([34]).

([32]) Karl Marx, «Auszüge aus James Mills Buch "Élements d'économie politique"», em: Karl Marx/Friedrich Engels, *Werke (MEW)*, Ergänzungsband I, Berlim 1968, p. 443-463; sobre esta questão ver, p. ex., Daniel Brudney, «Der junge Marx und der mittlere Rawls», em: Rahel Jaeggi/Daniel Loick (Org.), *Nach Marx. Philosophie, Kritik, Praxis*, Berlim 2013, p. 122-163; sobre todo este complexo de temas ver também: David Archard, «The Marxist Ethic of Self-Realization: Individuality and Community», em: *Royal Institute of Philosophy Lecture Series*, Vol. 22, 1987, p. 19-34.
([33]) Marx, «Auszüge aus James Mills Buch», p. 451.
([34]) *Ibidem*, p. 460.

A IDEIA ORIGINAL | 33

Nesta primeira parte das suas reflexões, Marx limita-se a reproduzir, em categorias hegelianas, os argumentos com os quais os seus antecessores socialistas já tinham analisado a impossibilidade de relações sociais «fraternas» ou «solidárias» nas condições da economia de mercado: os participantes do mercado não se enfrentam uns aos outros senão como sujeitos interessados na sua vantagem privada, pelo que não conseguem ter simpatia uns pelos outros e oferecer-se reciprocamente o apoio que seria necessário para se poder falar de relações sociais de fraternidade ou solidariedade. Marx, parecendo querer realçar de forma ainda mais drástica esta impossibilidade de relações solidárias, chega até a afirmar no seu texto – recorrendo a uma ideia da *Fenomenologia do Espírito* – que «o nosso reconhecimento recíproco», na realidade, possui a forma de uma «luta», na qual triunfará aquele que possuir «mais energia, força, perspicácia ou destreza» [35].

No final das suas brilhantes explicações, Marx passa para uma descrição resumida em poucas frases das relações de produção que predominariam se os membros da sociedade se unissem não com base num reconhecimento recíproco do seu egoísmo privado, mas sim das suas necessidades individuais. O pano de fundo antropológico deste projeto é constituído pela ideia assumida de Feuerbach, talvez também de Rousseau, de que para a satisfação das necessidades humanas se precisa quase sempre do contributo complementar de outros sujeitos: a partir de determinado grau de divisão do trabalho, a minha fome só poderá ser saciada se os outros produzirem para mim os alimentos desejados, o meu desejo de uma habitação adequada só poderá ser satisfeito se um círculo de artesãos construir o espaço necessário para tal. No entanto, Marx está convencido de que esta dependência de uns em ralação a outros é ocultada sistematicamente aos envolvidos pelas relações de produção capitalistas: embora

---

[35] *Ibidem.*

neste caso os sujeitos também trabalhem para satisfazer uma procura económica com os produtos fabricados e, portanto, as necessidades que são subjacentes, a sua motivação não reside no respeito pelos desejos dos outros envolvidos, mas sim, única e exclusivamente, no interesse egocêntrico no aumento do proveito próprio. Segundo Marx, a situação seria completamente diferente se os bens produzidos fossem trocados sem a intermediação de um mercado monetarizado. Nesse caso, cada sujeito, durante o trabalho, pensaria diretamente na necessidade dos outros, de modo que a peculiaridade humana da dependência de uns em relação aos outros seria confirmada, tanto na sua própria ação, como na reação antecipada do outro ([36]). Embora Marx apenas mencione aqui a «dupla resposta afirmativa» dos membros da sociedade entre si, é óbvio que tem em vista relações de produção nas quais os seres humanos se reconhecem reciprocamente na sua necessidade individual. Numa «associação de produtores livres», a que Marx se referirá nos seus textos posteriores, os membros já não estão ligados entre si apenas através de uma simples complementaridade anónima dos seus respetivos objetivos privados, mas partilham a preocupação com a autorrealização de todos os outros ([37]).

Esta acentuação do raciocínio marxista é necessária, uma vez que permite destacar do seu modelo económico concreto – que continuava a ser bastante vago – os elementos gerais que apontam para um conceito de liberdade social. Marx, tal como os seus antecessores socialistas, também compreende a liberdade apenas como uma concretização tão livre quanto possível, não limitada por qualquer constrangimento exterior, dos objetivos e intenções de cada um. Também concorda com os seus camaradas no que diz respeito à tese segundo a qual o exercício de

---

([36]) *Ibidem*, 462.
([37]) Cf. a interpretação desta passagem em Brudney, «Der junge Marx und der mittlere Rawls», *ibidem*, p. 127-133.

A IDEIA ORIGINAL | 35

uma tal liberdade sob as condições de produção capitalistas está associado ao pressuposto de que o outro constitui apenas o meio para atingir os interesses do próprio, violando, assim, o princípio, já institucionalizado, da fraternidade. É para resolver esta contradição interna que Marx esboça o modelo de uma sociedade na qual a liberdade e a solidariedade estão interligadas. Isto parece-lhe possível se a ordem social for concebida de modo que cada um entenda os objetivos que pretende atingir simultaneamente como condição da realização dos objetivos do outro, portanto, se as intenções individuais estiverem interligadas de forma tão clara que nós só possamos realizá-las se formos conscientes da nossa interdependência, num ato recíproco. No entanto, a referência ao «amor», que se encontra numa passagem central do texto([38]), também permite perceber claramente que, neste caso, os indivíduos têm de assumir uma posição positiva em relação aos outros não só na concretização das suas próprias intenções, mas, desde logo, na definição das mesmas: tal como no amor, assim também na associação descrita anteriormente, as minhas atividades têm de limitar-se a priori apenas a objetivos que servem simultaneamente a minha autorrealização e a do meu parceiro de interação, uma vez que, caso contrário, a sua liberdade não seria objeto consciente da minha preocupação.

Este ponto importante do modelo marxista é ainda mais nítido se recorrermos a uma diferenciação introduzida por Daniel Brudney no contexto da sua comparação entre Rawls e Marx. Na sua opinião, é possível distinguir entre comunidades sociais cujos membros estão relacionados entre si apenas graças a objetivos que se sobrepõem e aquelas cujos membros se relacionam por terem objetivos complementares([39]). No primeiro caso, os sujeitos prosseguem objetivos partilhados, que, no

---

([38]) Marx, «Auszüge aus James Mills Buch», *ibidem*, p. 462.
([39]) Brudney, «Der junge Marx und der mittlere Rawls», *ibidem*, p. 135s.

entanto, podem alcançar em conjunto, sem que tal signifique terem de os incluir simultaneamente também na definição dos seus objetivos individuais. O mercado, no qual cada participante segundo a conceção tradicional deve poder prosseguir os seus próprios interesses económicos, para, graças ao mecanismo da «mão invisível», acabar por servir o objetivo superior da multiplicação do bem-estar, constitui um bom exemplo desta forma de concretização coletiva dos objetivos. Pelo contrário, objetivos complementares exigem que os membros da sociedade contribuam conjuntamente para os alcançar, transformando, cada um deles, estes objetivos na máxima ou no objetivo da sua própria ação. Neste caso, como Brudney também afirma, os sujeitos não agem apenas uns com os outros, mas sim «uns para os outros», uma vez que com as suas atividades pretendem contribuir direta e deliberadamente para que os objetivos partilhados por todos sejam alcançados. No primeiro caso, dos objetivos que se sobrepõem, o facto de as minhas ações contribuírem alguma coisa para a sua concretização é uma consequência contingente do conteúdo das minhas intenções. Pelo contrário, no segundo caso, dos objetivos complementares, o mesmo facto representa uma consequência necessária das intenções que pretendo, deliberadamente, concretizar.

Penso que é neste último modelo de comunidades sociais que Marx baseia muito claramente a sua alternativa à ordem social capitalista. A linguagem do reconhecimento mútuo, que Marx utiliza permanentemente nos seus comentários à economia política de James Mill, permite formular as diferenças referidas mais ou menos do seguinte modo: enquanto numa sociedade da economia de mercado os objetivos partilhados só se concretizam sob a condição de os membros se reconhecerem reciprocamente apenas como beneficiários individuais, negando, portanto, sistematicamente a sua dependência uns dos outros, numa associação de produtores livres, a concretização comum dos objetivos aconteceria através de uma ação proposta dos membros em prol uns dos outros, uma vez que se teriam reconhecido reciprocamente na sua necessidade individual, orientando as suas ações para a satisfação desta necessidade. Embora o próprio Marx não o refira, parece-me óbvio que ele acreditava ter atingido uma meta com o seu modelo alternativo que estava fora do alcance dos socialistas seus antecessores, apesar de todos os seus esforços: alargar ou reformular o conceito de liberdade individual, o princípio de legitimação da ordem social existente a partir do seu interior, de forma que o mesmo acabasse por coincidir obrigatoriamente com as exigências de uma convivência solidária. Portanto, penso que é necessário analisar agora de forma sistemática se este modelo de uma sociedade solidária pode satisfazer realmente a pretensão de conciliar de uma outra forma a liberdade individual e a solidariedade.

No entanto, para proceder a esta análise, é preciso deixar temporariamente de parte o facto de os primeiros representantes do socialismo terem procurado ancorar o seu princípio de liberdade social exclusivamente na esfera do trabalho na sociedade. Assim, como se fosse possível organizar a partir daí a reprodução de toda a sociedade, não atribuem um papel independente à democracia política, não sendo também obrigados a analisar com mais atenção se não haverá, eventualmente, já outras formas de liberdade institucionalizadas na mesma. Porém, como já referi, antes de abordar este defeito congénito do projeto socialista, pretendo debruçar-me sobre a possibilidade de o modelo de liberdade social aqui esboçado constituir uma alternativa robusta e viável ao individualismo das noções liberais de liberdade: representará de facto aquilo que os socialistas da primeira hora desenvolveram uma compreensão nova, autónoma, de liberdade ou trata-se apenas de uma versão melhorada daquilo que é designado habitualmente como «solidariedade» ou – utilizando um conceito antigo – como «fraternidade»?

A premissa do modelo liberal de liberdade é constituída pela ideia – difícil de contestar à primeira vista – de que só se pode falar de liberdade individual quando as ações de um sujeito podem concretizar os seus próprios propósitos de forma tão livre e sem constrangimentos quanto possível. À partida, o único limite a esta liberdade de ação deveria estar na necessidade de esta não provocar consequências reais que poderiam restringir a liberdade de ação dos sujeitos coexistentes. Por conseguinte, o liberalismo associa desde cedo a intenção de garantia geral de uma liberdade deste tipo à ideia de uma ordem jurídica que deverá assegurar que o indivíduo possa atuar segundo a própria vontade de forma tão livre quanto lhe permite a exigência de igual amplitude de todos os outros relativamente à mesma liberdade. Este primeiro modelo liberal sofre, então, uma primeira complicação devido a Rousseau e, depois deste, a Kant, já que ambos partilham a convicção de que não se pode falar de liberdade individual quando as intenções que motivam a ação não têm origem em intenções próprias, mas sim apenas em impulsos naturais. Por conseguinte, os dois pensadores associam a liberdade – até então com uma estrutura interna indeterminada – a uma condição adicional segundo a qual a tomada de decisão inicial deve poder constituir um ato de autodeterminação através do qual o sujeito garante partir de objetivos definidos exclusivamente pela sua razão([40]). Ao que parece, esta passagem de uma compreensão «negativa» para uma compreensão «positiva» da liberdade, como Isaiah Berlin designará mais tarde o passo dado por Rousseau e Kant (fazendo uma advertência política([41])), terá sido objeto de um amplo consenso entre todos os primeiros socialistas. Mesmo que não se tenham apercebido de todos os pormenores do novo modelo, o «contrato social» ou a filosofia moral de Kant tornou-lhes quase óbvio que só pode existir a liberdade individual quando

---

([40]) Sobre este passo decisivo cf. Jerome B. Schneewind, *The Invention of Autonomy*, Cambridge 1998, Cap. 22 e 23.

([41]) Isaiah Berlin, «Zwei Freiheitsbegriffe», em: Isaiah Berlin, *Freiheit. Vier Versuche*, Frankfurt/M. 1995, p. 197-256.

são estabelecidos objetivos racionais, portanto, não ditados pela natureza. No entanto, ao determinarem o significado de «racional», não seguem certamente as propostas de Kant, já que não consideram ser necessário começar por um processo individual de análise moral das máximas do próprio para que as ações daí resultantes possam ser consideradas «livres». Pelo contrário, parecem retomar as ideias de Rousseau ou, no caso de Marx, de Hegel, os quais partem do princípio, por motivos diferentes, de que as intenções individuais podem ser consideradas suficientemente livres se visarem a satisfação de necessidades não corrompidas, «naturais», ou correspondentes a determinada fase histórica da razão [42]. Portanto, a liberdade individual, para os socialistas até então, significa, antes de mais, poder concretizar em atos intenções próprias, livres, partilhadas mais ou menos por todos, sendo que esses não estariam sujeitos a qualquer outro constrangimento a não ser aquele que resulta das pretensões igualmente amplas de todos os outros membros da sociedade à mesma liberdade.

No entanto, a reviravolta que sobretudo Proudhon e Marx dão a este modelo de liberdade positiva resulta de uma ideia essencialmente mais abrangente acerca do constrangimento não justificado que pode impedir os sujeitos de realizarem as suas intenções livres. De acordo com o liberalismo inicial, este constrangimento está associado sobretudo a obstáculos sociais externos dos quais o poder de uma pessoa ou de uma corporação para impor a um sujeito a sua própria vontade constitui um bom exemplo [43]. Na tradição republicana, representada atualmente por autores como Quentin Skinner ou Philip Pettit, a amplitude

---

[42] Sobre Rousseau cf. Frederick Neuhouser, *Pathologien der Selbstliebe. Freiheit und Anerkennung bei Rousseau*, Berlim 2012, sobretudo p. 109s, p. 170, p. 204-208; sobre esta problemática em Marx ver Lawrence A. Hamilton, *The Political Philosophy of Needs*, Cambridge 2003, p. 53-62.

[43] Friedrich August von Hayek, *Die Verfassung der Freiheit* [1960], Tübingen 1971.

daquilo que deverá ser considerado constrangimento é alargada, uma vez que, agora, também deverá incluir a influência da vontade da outra pessoa – «*freedom as non-domination*» é a fórmula que se tornou, entretanto, comum na compreensão republicana de liberdade ([44]). Mas os socialistas vão ainda mais longe, pressupondo agora que já existe coação quando as intenções racionais de uma pessoa, que exigem uma concretização, encontram resistência social nas intenções contrárias de uma outra pessoa. Na sua opinião, a concretização individual de um objetivo razoável dentro da sociedade como tal só está livre de constrangimentos se todos os outros a aprovarem e se ela for levada a cabo graças ao seu contributo complementar. Por conseguinte, em última análise, só existe liberdade individual quando, nas palavras de Hegel, ela assumiu uma forma «objetiva», isto é, quando os outros membros da sociedade deixam de poder ser considerados possíveis causadores de uma restrição às próprias intenções de ação, passando a ser vistos como parceiros de cooperação necessários para a concretização das mesmas ([45]).

É neste ponto da argumentação dos socialistas que entra em jogo o conceito especial de comunidade que eles mencionam sempre em simultâneo com o conceito de liberdade. Embora possam divergir muito entre si na terminologia específica, o seu conceito de «comunidade» vai sempre muito para além do que é habitual. Ela não deve incluir apenas convicções partilhadas em termos de valores e um determinado grau de identificação com os objetivos do grupo, mas sobretudo também um

---

([44]) Quentin Skinner, *Liberty before Liberalism*, Cambridge 1998; Philip Pettit, *Gerechte Freiheit. Ein moralischer Kompass für eine komplexe Welt*, Berlim 2015.

([45]) Cf. sobre o conceito hegeliano de liberdade: Axel Honneth, «Von der Armut unserer Freiheit. Größe und Grenzen der Hegelschen Sittlichkeitslehre», em: Axel Honneth/Gunnar Hindrichs (Org.), *Freiheit. Internationaler Hegelkongress 2011*, Frankfurt/M. 2013, p. 13-30.

envolvimento recíproco dos membros do grupo e uma simpatia pelo outro. Já nos tínhamos deparado com esta característica do conceito socialista de comunidade na ideia de que os objetivos não só se sobrepõem, como devem estar interligados de forma intersubjetiva, de modo que as pessoas não só ajam «umas com as outras», mas também «umas para as outras» ([46]). Portanto, agora coloca-se a questão de saber que ligações estabelecem os socialistas entre este modelo de comunidade e o seu conceito de liberdade.

Um nexo possível consistiria em compreender a comunidade solidária como um requisito necessário para o exercício da liberdade já descrita. Joseph Raz defendeu esta tese no seu livro *The Morality of Freedom*, embora numa versão mais suave, isto é, suprimindo os elementos de simpatia mútua associados ao conceito de comunidade. Na sua opinião, os indivíduos não podem usar a sua autonomia enquanto não viverem numa comunidade social que lhes disponibilize possibilidades reais de concretização dos objetivos a que cada um deles aspira ([47]). Porém, os socialistas querem mais. Ao que parece, não compreendem as comunidades, tal como esboçadas por eles, como pura e simples condição prévia necessária para o tipo de liberdade que todos eles têm em vista. Pelo contrário, parecem pretender considerar a cooperação na própria comunidade solidária como concretização da liberdade, pelo que tudo o que é anterior a esta cooperação nem sequer merece ser designado como tal. Sendo assim, liberdade social significa participar na prática social de uma comunidade na qual os membros têm tanta simpatia uns pelos outros que, para bem dos outros, se ajudam reciprocamente na satisfação das suas necessidades justificadas. Esta

---

([46]) Cf. sobre esta diferenciação também o excelente estudo de Andrew Mason, *Community, Solidarity and Belonging. Levels of Community and their Normative Significance*, Cambridge 2000, sobretudo Cap. I.1 (p. 17-41).

([47]) Joseph Raz, *The Morality of Freedom*, Oxford 1986, p. 307-311; sobre esta questão cf. Mason, *Community, Solidarity and Belonging, ibidem*, p. 55s.

viragem transforma a categoria da liberdade em elemento de um individualismo holístico: o que se entende aqui por liberdade – a concretização tão livre quanto possível das intenções ou dos objetivos de cada um – não pode ser realizado por uma pessoa individual, mas apenas por um coletivo adequado, sem que tenha por isso de ser considerado uma entidade superior às partes [48]. Os socialistas consideram que o grupo social como um todo se torna o meio para a liberdade, entendida como propriedade, capacidade ou desempenho, mas a sua existência, por seu lado, não resulta senão da interação de sujeitos individuais. No entanto, o coletivo só se torna o portador da liberdade individual quando é possível perpetuar determinados comportamentos entre os seus membros e institucionalizá-los. Isto inclui, em primeiro lugar, uma simpatia recíproca, que leva a que todos estejam preocupados com a autorrealização dos outros por razões não instrumentais. Os socialistas pensam que a implementação destes comportamentos dentro da comunidade social fará desaparecer da mesma todos os incidentes negativos supostamente característicos da sociedade capitalista: os sujeitos, ao terem simpatia uns pelos outros, tratam-se uns aos outros fundamentalmente como iguais, renunciando, a partir daí, de qualquer exploração ou instrumentalização recíproca.

A ideia original do socialismo baseia-se na noção de que seria possível criar no futuro sociedades inteiras de acordo com o modelo destas comunidades solidárias. Esta ideia, graças a um golpe corajoso, reúne num único princípio as três exigências um tanto tensivas da Revolução Francesa, interpretando a liberdade individual como um «completar-se no outro», de tal modo que a mesma coincida plenamente com as exigências da igualdade e da fraternidade. Este pensamento holístico, que entende a comunidade solidária – e não a pessoa individual

---

[48] Cf. sobre a posição deste individualismo holístico: Philip Pettit, *The Common Mind. An Essay on Psychology, Society, and Politics*, Oxford 1993, p. 271ss.

- como portadora da liberdade a concretizar, tornou-se o ponto de partida para o movimento socialista. Todas as medidas concebidas mais tarde pelos seus partidários, para o bem e para o mal, com vista à eliminação dos males existentes serviriam, em última análise, o objetivo de criar esta comunidade de membros que se completam uns aos outros e que se tratam como iguais. Foi igualmente esta ligação ao catálogo de exigências da Revolução Francesa que tornou desde sempre difícil à crítica burguesa rejeitar os objetivos do movimento como simplesmente injustificados, uma vez que este invocava os mesmos princípios normativos em nome dos quais a própria classe havia iniciado a sua luta pelo Estado de direito democrático. Por conseguinte, acusações como a de coletivismo ou de puro idílio comunitário continuam a ser algo insípidas, uma vez que parecem negar de forma quase propositada que, para além da ideia de liberdade, determinadas ideias de solidariedade e de igualdade – embora um tanto vagas – também fazem parte dos princípios de legitimação das sociedades atuais[49].

Contudo, e por outro lado, a crítica surgida desde muito cedo também foi facilitada pelo facto de os primeiros socialistas não terem conseguido apresentar uma versão suficientemente convincente da sua ideia original e pioneira. Os projetos que estes apresentaram na primeira metade do século XIX possuíam demasiadas deficiências, o que facilitou o surgimento rápido de objeções consideráveis aos mesmos. Não foi só a ideia de

---

[49] Pode surpreender à primeira vista que a «fraternidade» ou a «solidariedade» também devem fazer parte dos princípios já institucionalizados nas nossas sociedades democráticas modernas, possuindo efeito legitimador. No entanto, a veracidade desta afirmação é fácil de entender se reconhecermos que a ideia de justiça distributiva, profundamente enraizada em qualquer cultura democrática, exige uma redistribuição em prol dos desfavorecidos, apelando, assim, a um sentimento de solidariedade entre todos os membros da sociedade. Cf. John Rawls, *Eine Theorie der Gerechtigkeit*, Frankfurt/M. 1979, p. 126 ss.

comunidade solidária que ficou limitada exclusivamente ao campo das atividades económicas (como já referido brevemente), sem uma análise mais profunda para averiguar se seria, sequer, possível organizar e reproduzir a partir da mesma uma sociedade que se tornava rapidamente cada vez mais complexa; o domínio da formação da vontade política foi ignorado por razões difíceis de compreender, o que não permitiu esclarecer suficientemente a relação com as liberdades recém-conquistadas e definidas pela lei. Além disso, os pais fundadores – sobretudo Saint-Simon e Marx – tinham carregado o projeto socialista com uma pretensão histórico-metafísica que haveria de tornar quase impossível entender os próprios avanços como testes experimentais da mutabilidade das sociedades capitalistas. Como a revolução necessária deveria ocorrer, com uma certa inevitabilidade, num futuro próximo, era preciso negar qualquer utilidade cognitiva e política a todas as tentativas de alterar gradualmente alguma coisa já no presente. É possível distinguir, dentro destas deficiências do programa original, entre aquelas que se devem apenas ao contexto no qual nasceu o industrialismo e aquelas que são muito mais profundas, afetando a estrutura da própria ideia. No meu segundo capítulo, pretendo debruçar-me sobre três defeitos congénitos do projeto socialista, para, recorrendo à distinção que acabei de apresentar, avaliar quais podem ser eliminados através de uma simples adaptação histórica e quais só podem ser corrigidos através de revisões conceptuais. Deixo-me conduzir pelo objetivo de adquirir uma visão geral das correções que poderiam devolver hoje ao socialismo um pouco da sua antiga virulência.

II.

O pensamento antiquado: ligação ao espírito e à cultura do industrialismo

Pretendi mostrar no Capítulo I que os esforços práticos dos primeiros socialistas se baseiam numa intuição normativa que vai muito para além das ideias tradicionais de justiça distributiva. Eles procuram criar condições sociais, através de uma reforma ou uma superação revolucionária da economia de mercado capitalista, nas quais se tornaria possível realizar os objetivos da Revolução Francesa, colocando a liberdade, a igualdade e a fraternidade numa posição que lhes facilitasse a sua concretização recíproca. A palavra de solução para a reconciliação dos três princípios entre os quais se registava uma tensão, devido à ordem económica então dominante, é «liberdade social». Portanto, os seres humanos não podem realizar por si só a sua liberdade individual nos aspetos mais importantes das necessidades partilhadas, dependendo de relações entre si, que, no entanto, só podem ser consideradas «livres» se cumprirem determinados requisitos normativos. Estes incluem, antes de mais, uma simpatia recíproca que apenas existe em comunidades solidárias, uma vez que, caso contrário, não seria garantido que o sujeito individual pudesse contar permanentemente com a satisfação livre e voluntária das suas necessidades através do contributo complementar de outro sujeito – os membros da sociedade não podem agir apenas «uns com os outros». Têm de agir «uns para os outros», uma vez que só assim podem concretizar de forma livre as suas necessidades gerais. Neste sentido, o socialismo baseia-se desde o início na ideia de uma forma de vida comunitária a criar, e não apenas, por exemplo, na ideia de implementação de um sistema de distribuição alterado e mais justo [50]. Antes de me debruçar neste capítulo sobre a problematização do enquadramento socioteórico da sociedade, no qual os primeiros socialistas inseriram a sua intenção normativa, pretendo esclarecer um pouco mais esta intenção, para a proteger de objeções óbvias.

No final do Capítulo I, identifiquei como elemento teórico de um individualismo holístico a ideia de tornar a liberdade individual dependente da relação com outros sujeitos e, portanto, como liberdade «social». Esta ideia, retomando o pensamento de Philip Pettit, equivale a uma posição sócio-ontológica que afirma que, para a realização de determinadas capacidades do ser humano, são necessárias comunidades sociais e, portanto, entidades que só podem ser descritas em termos holísticos, embora este autor não conclua daí que os sujeitos individualmente possuam um caráter incompleto ou até inexistente [51]. Esta conceção social de liberdade distingue-se do coletivismo pelo facto de visar, em primeiro lugar, as condições de realização da liberdade individual; por outro lado, destaca-se do individualismo tradicional por fazer depender esta liberdade da participação num determinado tipo de comunidade social. Podemos descrever a posição intermédia, desenvolvida pelos

---

[50] Cf. sobre esta questão novamente: Miller, «In What Sense Must Socialism be Communitarian?», *ibidem*.

[51] Pettit, *The Common Mind*, *ibidem*, p. 271s.

primeiros socialistas, como aquela em que o termo «liberdade» desempenha um papel decisivo a ambos os níveis – ao do indivíduo e ao da comunidade social. Os sujeitos individuais só podem realizar a sua capacidade para a liberdade enquanto membros de uma comunidade social, a qual, por seu lado, tem de ser, contudo, livre no sentido em que a concretização recíproca das intenções partilhadas pela generalidade ocorre sem coerção e, portanto, numa atitude de simpatia recíproca.

Esta conceção de liberdade não está ligada, como talvez fosse de supor, ao pressuposto de comunidades mais reduzidas nas quais os membros se podem conhecer pessoalmente. Poderá parecer que a mútua simpatia exigida aos sujeitos requer um grau de intimidade só possível quando existe um conhecimento pessoal. Porém, a linguagem que usamos habitualmente e que permite, por exemplo, falar da nação ou do movimento político como uma comunidade desse tipo torna evidente que esta suposição inicial não se justifica. Não é preciso existir uma relação de confiança íntima entre as pessoas para que estas se possam entender como membros de uma comunidade solidária, na qual cada um está preocupado com as necessidades dos outros. Como demonstrado por Benedict Anderson, é suficiente que pessoas que têm a mesma opinião se entendam no que diz respeito a alguns objetivos partilhados, independentemente da dimensão do coletivo em causa e do facto de os seus membros se conhecerem, sequer, pessoalmente ([52]). Aliás, não é difícil demonstrar que a atitude de preocupação com o bem-estar dos outros membros existe não só em grupos pequenos, semelhantes a famílias, mas também em comunidades maiores, anónimas: as medidas de redistribuição em prol dos desfavorecidos, justificadas pela teoria da justiça, necessitam sempre de uma atitude

---

([52]) Benedict Anderson, *Die Erfindung der Nation. Zur Karriere eines folgenreichen Konzepts*, Frankfurt/M. ³2005; Sobre este argumento cf. também: Mason, *Community, Solidarity and Belonging*, ibidem, p. 38-40.

que se pode traduzir como «solidariedade» ou «fraternidade». O próprio John Rawls escreve em algumas passagens da sua *Teoria da Justiça* que a aplicação do seu princípio da diferença torna necessário pressupor relações que, embora não sejam de amor, são sim de «fraternidade» entre os cidadãos da sociedade em causa([53]).

Por conseguinte, a ideia de liberdade social, com a qual o movimento socialista se apresenta no palco da política mundial, não está associada ao pressuposto problemático de uma aplicação apenas a comunidades reduzidas e transparentes. Pelo contrário, ela também pode ser aplicada sem dificuldades a sociedades inteiras, devendo, no entanto, ser clara qual a relação desta liberdade com outras possíveis formas de liberdade e com a reprodução social no seu todo. É neste ponto que começam as divergências e as dificuldades do socialismo sobre as quais gostaria de me debruçar no presente capítulo, referindo-me, em grande parte, à tradição do marxismo ocidental, que já nos anos vinte do século XX revelava, de forma absolutamente explícita, os defeitos congénitos do projeto socialista, adotando uma posição crítica face aos mesmos([54]). No entanto, para aceder a este material genético problemático do socialismo, deve-se começar por dar um passo atrás, já que é necessário esclarecer qual a teoria social e da história em que o novo conceito revolucionário de liberdade social desenvolvido pelos socialistas

---

([53]) Rawls, *Eine Theorie der Gerechtigkeit*, ibidem, p. 126ss; cf. também: Brudney, «Der junge Marx und der mittlere Rawls», *ibidem*, p. 148-158.

([54]) O conceito de «marxismo ocidental» foi cunhado por Maurice Merleau--Ponty (Maurice Merleau-Ponty, *Die Abenteuer der Dialektik* [1955], Frankfurt/M. 1968), repercutindo-se desde então na tradição de um marxismo crítico, não ortodoxo, que vai de Lukács a Marcuse. Para um resumo: Martin Jay, *Marxism and Totality, The Adventures of a Concept from Lukács to Habermas*, Cambridge 1984. Para um resumo a partir de uma perspetiva trotskista e, portanto, à partida negativa: Perry Anderson, *Über den westlichen Marxismus*, Frankfurt/M. 1978.

se enquadrou. Os protagonistas do movimento socialista, desde Robert Owen, passando por Proudhon e chegando a Karl Marx, sempre partilharam desde o início como óbvia a ideia de que a reforma ou a superação revolucionária da economia de mercado capitalista tem de constituir a alavanca para a criação de condições sociais solidárias, uma vez que a verdadeira causa do estreitamento egoísta privado do conceito de liberdade então dominante residia precisamente nas instituições desta economia. Assim, a imposição de uma forma de vida cooperativa, que cumprisse as promessas revolucionárias, também só seria possível precisamente a partir destas instituições. Além disso, os representantes do movimento concordavam que, nas circunstâncias do seu tempo, já existiam os motivos e a disponibilidade necessários para a revolução, uma vez que os trabalhadores, os produtores e os gestores possuíram interesse em substituir o mercado capitalista por um modo de produção organizado de forma algo cooperativa. Esta segunda suposição levaria a nova doutrina a transformar-se no órgão de expressão ou na instância de reflexão de uma força opositora já existente dentro da sociedade, de modo que a relação entre teoria e prática teria de ser pensada como uma relação de educação, informação ou esclarecimento de um grupo social claramente determinado. Em terceiro lugar, todos os partidários do movimento socialista têm tendência para supor que as alterações das condições sociais a que aspiram têm de se realizar com um certo grau de necessidade histórica, uma vez que a economia de mercado capitalista será destruída pelas crises que ela própria produz, libertando forças económicas de socialização, ou gerará uma resistência cada vez mais forte, devido à miséria por ela causada. Seja quais forem as explicações concretas para a autodissolução do capitalismo, praticamente nenhum dos precursores intelectuais do socialismo prescinde do pressuposto da inevitabilidade histórica num futuro muito próximo.

Ao juntar estes três pressupostos de fundo, obtemos, em linhas gerais, a compreensão de sociedade e de história no âmbito da qual os primeiros socialistas desenvolveram a ideia de liberdade social que todos partilhavam: o olhar quase exclusivo para a esfera económica parte do princípio de que as causas da coação que conduzem a perceber as liberdades recém-conquistadas apenas no sentido do prosseguimento privado de intenções individuais residem exclusivamente na estrutura capitalista desta esfera. No entanto, dentro desta esfera económica, já se tinha formado um movimento proletário de comunitarização económica contra o esvaziamento da esfera social através da concorrência e da competição ao qual a doutrina socialista, enquanto seu órgão reflexivo, se pode agora associar para, através de um esclarecimento e uma formação hábeis, promover o processo histórico que levará, com uma certa inevitabilidade, a uma transformação cooperativa de todas as relações de produção e, a partir daí, à criação de uma comunidade abrangente de membros que agem em prol uns dos outros. Nem todos os representantes do socialismo na primeira metade do século XIX concordaram, certamente, com todos estes pressupostos fundamentais da teoria social. Apesar de existir uma grande concordância quanto ao princípio normativo da liberdade social, havia uma série de divergências individuais em relação a questões da teoria social, nomeadamente, no que diz respeito à questão de saber se o processo de comunitarização económica já em curso deveria ser entendido mais como um processo de reforma progressiva ou como uma aproximação a uma revolução que ocorreria mais tarde, assim como em relação à forma concreta que as relações económicas que caracterizariam então o estado final de uma associação de todos os produtores assumiriam. Este era precisamente o ponto no qual as ideias dos envolvidos variavam consideravelmente, em função daquilo que, em termos de teoria económica, era considerado como causa da suscetibilidade a crises do mercado capitalista e, por conseguinte, daquilo que se recomendava como uma forma de controlo adequado para a reprodução económica numa base socializada([55](#)). No entanto, os três pressupostos atrás referidos – a esfera económica como lugar central, senão único, da luta pela forma adequada de liberdade, a ligação reflexiva a uma força opositora já existente nesta esfera e, por fim, a expectativa histórico-filosófica de uma marcha triunfal inevitável deste movimento de resistência existente – constituem os pilares fundamentais sobre os quais se estende o horizonte de pensamento dentro do qual os socialistas desenvolveram a sua ideia comum de liberdade social. Refletirei agora de forma mais pormenorizada sobre cada uma destas premissas, a fim de analisar quais as suas consequências para o objetivo central do projeto de um modelo alternativo de sociedade. Este passo visa, em primeiro lugar, sondar a herança inevitavelmente negativa para a teoria social que os primeiros socialistas deixaram ao movimento que se lhes seguiu pelo facto de terem desenvolvido a sua ideia de liberdade social original no quadro definido pelos três pressupostos mencionados:

1. Como já vimos, entre os socialistas, desde a fase inicial até Karl Marx, existe a tendência para compreender os direitos à liberdade já estabelecidos pela Revolução exclusivamente no sentido de uma permissão legitimada pelo Estado para cada um prosseguir os seus próprios interesses dentro da esfera económica, com base na propriedade privada. A este sistema de mercado capitalista, que, na sua perspetiva, se tornou o verdadeiro reduto das novas liberdades individuais, contrapõe-se, então, criticamente, a visão de um modo de produção comunitário no qual os sujeitos deixaram de agir uns contra os outros, passando a agir em prol uns dos outros – concretizando, assim, aquilo a que chamei liberdade social. No entanto, a menção tanto às

---

([55]) Primeiro resumo: Eduard Heimann, *Geschichte der volkswirtschaftlichen Lehrmeinungen*, Frankfurt/M. 1949, Cap. V.3.

liberdades alegadamente apenas privadas e egoístas, como às novas liberdades sociais apenas relacionadas com o domínio da ação económica no caminho assim percorrido, fará surgir um problema que se revelará mais grave do que poderia parecer inicialmente: a esfera completamente diferente do governo popular democrático, para a qual pelo menos Rousseau e os seus sucessores revolucionários previram o novo direito à autodeterminação individual, é privada súbita e inesperadamente de qualquer determinação normativa, ficando para trás como uma grandeza negligenciada da reprodução social. Como os socialistas colocaram todas as liberdades – tanto as boas como as más – unilateralmente apenas no domínio da atividade económica, perderam, de forma súbita e inadvertida, a oportunidade para pensar também o novo regime de negociação democrática de objetivos comuns nas categorias da liberdade. Daqui resultou inevitavelmente não só a falta de um conceito adequado de política, mas também a ausência do lado emancipatório dos direitos iguais à liberdade. Isto que aconteceu desta forma sub-reptícia teve consequências tão importantes para o futuro destino do socialismo que necessita de ser explicado de forma um pouco mais pormenorizada.

O pensamento de Saint-Simon e dos seus discípulos, os saint-simonistas, já tornara evidente que o interesse da continuação da Revolução levara a desviar e a transferir toda a atenção da esfera política para o domínio da produção industrial. Na opinião desta escola, graças aos avanços tecnológicos na indústria e no comércio, havia chegado o tempo de superar definitivamente os últimos resquícios do velho domínio feudal, economicamente ineficaz, e de o substituir por um nova ordem social na qual todos os ativos nos setores económicos industriais, tanto trabalhadores, como gestores, poderiam trabalhar em conjunto segundo um plano por eles negociado em prol da satisfação das necessidades, incluindo dos desfavorecidos, garantindo-se pleno emprego para todos. Os requisitos para este modo de produção alterado e cooperativo deveriam ser criados por um banco central, no qual uma entidade representativa, constituída, mais uma vez, pelas forças industriais, tornaria futuramente desnecessário qualquer controlo político, determinando os destinos e o bem-estar de um país através das decisões sobre a concessão de créditos[56]. Tal como Saint-Simon e os seus discípulos, que haviam dotado a sua doutrina tecnocrática da aura de uma nova religião civil, as gerações subsequentes de socialistas também não estavam nada interessadas na função política dos novos direitos civis. Partilhavam com a seita quase religiosa dos saint-simonistas a convicção de que a mudança para uma reorganização solidária da sociedade se processaria exclusivamente na esfera económica, na qual deveria existir futuramente uma complementaridade recíproca na satisfação das necessidades, em vez do egoísmo privado, acabando as instituições políticas por perder a sua tarefa orientadora. Neste aspeto, Proudhon – que já tinha encontrado formulações mais claras antes de Marx no que diz respeito ao novo conceito de liberdade –, o autor que foi mais longe de todos, exigindo simplesmente a abolição de todas as atividades governamentais, que poderiam ser totalmente substituídas pela interação entre pequenas comunidades de produtores. Por conseguinte, também já não considerava necessários os direitos à liberdade declarados pela Revolução, os quais, na sua perspetiva, apenas serviriam os interesses dos proprietários privados no mercado capitalista, perdendo o papel que haviam tido com a implementação do modo de produção cooperativo[57].

---

[56] Salomon-Delatour (Org.), *Die Lehre Saint-Simons, ibidem*, sobretudo p. 112-130; cf. também os resumos em: Cole, *Socialist Thought, ibidem*, Cap. IV e V; Droz (Org.), *Geschichte des Sozialismus*, Vol. II, *ibidem*, p. 113-120.

[57] Cf. por exemplo: Pierre-Joseph Proudhon, *Theorie des Eigentums* [1866], Kiel 2010, sobretudo Cap. 9; sobre o «anarquismo» de Proudhon cf. Jacques Droz (Org.), *Geschichte des Sozialismus*, Vol. III: *Sozialismus und Arbeiterbewegung bis zum Ende der I. Internationale*, Frankfurt/M., Berlin e Viena 1975, p. 82-87.

Fourier, Louis Blanc ou Auguste Blanqui teceram considerações semelhantes revelando, frequentemente, até desprezo pelas instituições recém-conquistadas dos direitos iguais à liberdade. Contudo, Marx coloca a um novo nível a polémica em torno de toda a problemática associada a esta questão. No seu ensaio intitulado «Sobre a questão judaica», publicado em 1844 e considerado a partir daí um marco no processo político de autocompreensão do movimento em evolução, Marx debruça-se sobre a importância que deverá ser atribuída futuramente à luta dos judeus pela igualdade política no âmbito dos objetivos socialistas[58]. Marx procura responder à pergunta em dois níveis, na medida em que o problema começa por ser resolvido apenas no que diz respeito às condições sociais existentes e só depois à sociedade libertada. Quanto ao presente, Marx, utilizando o vocabulário da filosofia do direito de Hegel, afirma que a «sociedade burguesa», portanto, a economia de mercado capitalista, e o «Estado» existem como duas esferas separadas, sujeitas cada uma aos seus próprios princípios. Marx está convencido de que, enquanto esta divisão institucional de tarefas se mantiver, os esforços de integração política da minoria judaica também possuirão indubitavelmente um valor emancipatório, uma vez que a garantia estatal de direitos a liberdade iguais representa um progresso normativo em relação a tudo o que existia no passado[59]. No entanto, na sua opinião, o esforço de integração política dos judeus perderá imediatamente qualquer função positiva quando, no futuro, as atividades do Estado, isoladas até à data, passarem a ser da competência de uma comunidade verdadeiramente humana, uma vez que, nessas condições, não só será definitivamente eliminada a divisão infeliz do ser humano entre «*citoyen*» e «*bourgeois*», cidadão e sujeito

---

[58] Karl Marx, «Zur Judenfrage», em Karl Marx/Friedrich Engels, *Werke* (*MEW*), Vol. I, Berlim 1970, p. 347-377.
[59] *Ibidem*, p. 356.

económico privado, como a associação de todos os membros cooperantes da sociedade também será capaz de cumprir em conjunto as tarefas de administração política de tal modo que os indivíduos deixarão de ter necessidade de exigir a qualquer instância superior os direitos à autodeterminação individuais. É este último passo na argumentação de Marx que merece uma atenção especial no nosso contexto: os direitos liberais à liberdade, aos quais ele próprio se refere como o meio para «proclamar ... que todo o membro do povo é igual parceiro na soberania popular participante»([60]), perderão qualquer importância normativa na sociedade socialista do futuro porque deixará de haver necessidade de negociação da vontade comum, separada de atividades económicas, para a qual o indivíduo precisaria de ser dotado de um direito à autodeterminação([61]).

Esta relativização dos direitos liberais à liberdade que Marx só considera dignos de promoção enquanto permanecer a separação institucional de esferas entre política estatal e produção económica colocou um fardo pesado sobre o movimento socialista logo no momento do seu nascimento, do qual não se conseguiu libertar posteriormente. Como toda a esperança numa conciliação posterior entre liberdade e fraternidade foi associada exclusivamente à perspetiva de uma transformação comunitária da esfera económica, acreditava-se que seria possível fazer desaparecer completamente todos os direitos individuais numa comunidade de sujeitos que agem em prol uns dos outros, de modo que acabaria por não restar qualquer lugar legítimo nem para a autonomia do indivíduo, nem para a exploração intersubjetiva de uma vontade comum. Sejam quais forem os

---

([60]) *Ibidem*, p. 354.
([61]) Refiro apenas dois artigos mais recentes da rica bibliografia sobre a argumentação de Marx em «Sobre a questão judaica»: Frederick Neuhouser, «Marx (und Hegel) zur Philosophie der Freiheit», em: Jaeggi/Loick (Org.), *Nach Marx, ibidem*, p. 25-47; Catherine Colliot-Thélène, *Demokratie ohne Volk*, Hamburgo 2011, p. 58-68.

documentos fundacionais do movimento socialista consultados, encontramos em todos a mesma tendência para não atribuírem qualquer papel, na organização da sociedade do futuro, não só aos direitos liberais à liberdade, mas também à formação da vontade entre cidadãos livres e iguais baseada nestes direitos. Pelo contrário, o que era suposto ser característico desta nova forma de organização da esfera social era a inclusão social dos sujeitos única e exclusivamente através da sua participação na produção cooperativa. Estes poderiam concretizar em conjunto a sua liberdade social, mas já não precisavam de se preocupar com a sua autodeterminação individual. A consequência deste projeto para o futuro traduziu-se na incapacidade de ainda encontrar um acesso normativo à esfera política a partir da própria doutrina. Demoraria várias décadas até se começar a eliminar esta deficiência original dentro do movimento, acrescentando à palavra de luta «socialismo» o adjetivo «democrático». Mesmo a fórmula de socialismo democrático, que o Partido Social--Democrata (alemão) só transformou em programa depois da Segunda Guerra Mundial([62]), não resolveu o problema herdado dos pais fundadores senão de forma provisória, uma vez que a questão de saber como seria possível formular a ideia central de liberdade social de modo a poder impulsionar a crítica do egoísmo privado capitalista, sem pôr completamente em causa o valor do direito à liberdade individual, ficou sem resposta. Na maior parte das vezes, o duplo conceito não constituía senão uma compreensão muitíssimo limitada da democracia política segundo o modelo liberal tradicional, como a esfera institucional a partir da qual a «questão social» deveria ser resolvida, graças à conquista da maioria parlamentar, através de uma limitação do mercado capitalista. Como tal, a exigência substancialmente

---

([62]) Cf. sobre esta questão Schieder, *ibidem*, p. 990ss; sobre os antecedentes do nome do partido «Social-Democrata»: *ibidem*, p. 977s. Sobre a história da social-democracia alemã cf. Detlef Lehnert, *Sozialdemokratie zwischen Protestbewegung und Regierungspartei 1848-1983*, Frankfurt/M. 1983.

mais radical de conceber a própria área de ação económica de modo a ser possível os membros da sociedade não agirem uns contra os outros, mas sim em prol uns dos outros, foi completamente abandonada([63]). Teria sido completamente diferente se, neste ponto sensível, a ideia de socialismo, afastando-se dos pais fundadores, houvesse sido desenvolvida retomando a teoria da liberdade de Hegel. Nesse caso, teria existido em princípio a possibilidade de pensar os direitos liberais à liberdade não como um obstáculo, mas como um requisito necessário daquelas liberdades sociais que, segundo a ideia original, deveriam concretizar-se futuramente na esfera económica([64]). Aliás, talvez tivesse até surgido a oportunidade de submeter não só o domínio da atividade económica mas também o próprio processo de formação da vontade democrática ao princípio da liberdade social([65]). Contudo, antes de me debruçar no Capítulo IV sobre esta alternativa desaproveitada

---

([63]) Eduard Bernstein – o único intelectual do movimento trabalhista que refletiu, de forma consequente, logo no início do século XX, sobre os problemas teóricos do socialismo enraizado no industrialismo – apresenta uma argumentação completamente diferente. Para ele, a democracia representa o cerne normativo de todos os objetivos socialistas, uma vez que constitui não só uma forma de governo baseada no princípio da maioria, mas também a forma adequada de organização da vida social em geral. Neste sentido, indo muito para além dos limites do seu tempo, Bernstein refere-se à «democracia» como «organização da liberdade»: Eduard Bernstein, «Der sozialistische Begriff der Demokratie», em: E. Bernstein, *Sozialdemokratische Völkerpolitik. Gesammelte Aufsätze*, Leipzig 1917, p. 1-15, aqui: p. 11. A literatura secundária sobre a sua obra ignora na maior parte das vezes o radicalismo do «revisionismo» de Bernstein, uma vez que é escrita numa perspetiva marxista ou partidária. O estudo exaustivo de Bo Gustafsson, no qual é realçada sobretudo a influência dos fabianos ingleses, constitui, até certo ponto, uma exceção: *Marxismus und Revisionismus. Eduard Bernsteins Kritik des Marxismus und ihre ideengeschichtlichen Voraussetzungen*, 2 volumes, Frankfurt/M. 1972, sobretudo p. 316-326.

([64]) Cf. sobre esta questão as reflexões em Neuhouser, «Marx (und Hegel) zur Philosophie der Freiheit», *ibidem*.

([65]) Cf., p. ex.: Honneth, *Das Recht der Freiheit*, *ibidem*, Cap. C.III.3.

pela tradição socialista, quero abordar a segunda premissa da teoria social dos primeiros socialistas.

2. Os primeiros pontos de referência para a segunda premissa da teoria social dos primeiros socialistas, segundo a qual os ideais próprios não representam senão os interesses de facto de uma força de oposição já existente na sociedade contemporânea, também já estão presentes na obra e no pensamento de Saint-Simon e dos seus seguidores. Os membros desta escola, com numerosas ramificações, consideram unanimemente que toda a classe dos empregados na indústria, desde o simples trabalhador manual até ao engenheiro ou gestor, só estão à espera do momento em que as atividades e capacidades exercidas em conjunto serão finalmente libertadas do fardo de um regime de propriedade feudal e burguês, para poderem empenhar-se numa associação livre e voluntária em prol do aumento da produtividade. A doutrina dos saint-simonistas, no quadro deste processo de emancipação cuja existência se pressupunha ser real, deveria assumir, então, a tarefa de fornecer o conhecimento adicional e as certezas de fundamento religioso necessários para se conseguir, finalmente, a ordem a que se aspirava, coletivamente, de uma comunidade de todas as forças laborais produtivas[66]. Esta suposição da existência de um movimento opositor ativo no presente, com uma correspondência exata à teoria, voltava a aparecer no pensamento de Robert Owen, Louis Blanc e Pierre-Joseph Proudhon. No entanto, nestes casos, o círculo dos envolvidos é limitado à massa dos trabalhadores assalariados industriais. Porém, mesmo estes – como pensavam Saint-Simon e os seus discípulos antes sequer que a ideia socialista pudesse produzir qualquer efeito – era suposto possuírem já por si um

---

[66] Cf. Salomon-Delatour (Org.), *Die Lehre Saint-Simons*, ibidem, p. 103--111; cf. sobre esta questão também: Droz (Org.), *Geschichte des Sozialismus*, ibidem, p. 117-121.

interesse partilhado num desenvolvimento social que ia no sentido de uma comunitarização voluntária de todos os produtores ([67]).

É certo que a simples referência a um movimento de resistência, no qual os ideais próprios são defendidos de forma representativa, não constitui um problema em si para a teoria socialista. Pelo contrário, faz até parte da estrutura reflexiva de uma teoria orientada desta forma para o futuro procurar dentro da realidade social forças e sujeitos disponíveis a quem recorrer para que as próprias afirmações surtam, um dia, um efeito prático, contribuindo para a concretização das condições sociais anunciadas. Contudo, nos autores referidos já se constata o emergir de uma estratégia metodológica completamente diferente no pensamento socialista que acabará por não explorar de forma empírica simplesmente a possibilidade de tais movimentos de resistência, mas sim por os pressupor de forma apodíctica. Existe a tendência para pensar que já existem objetivamente interesses e desejos na realidade social anteriores à transformação da teoria na prática, nos quais essa teoria se pode basear com a intenção de justificar e implementar os seus propósitos. No entanto, a única possibilidade de falar objetivamente de tais sensibilidades pré-científicas consiste em atribuí-las simplesmente de forma sociológica às pessoas em causa. Portanto, já não se fala de interesses empíricos, nem de desejos de facto, mas sim das aspirações que determinados grupos sociais deveriam ter, se, na sua situação, seguissem as convicções corretas. No entanto, tal como Max Weber demonstraria mais tarde, este método de atribuição de interesses abriu, naturalmente, todas as portas a uma arbitrariedade teórica. Aquilo que deveria ser considerado como convicções corretas, cuja compreensão correta devia

---

([67]) A obra de Louis Blanc apresenta claramente a suposição de um tal interesse comum de todos os trabalhadores em «Organisation der Arbeit» (excerto), *ibidem*, p. 181; Proudhon fala frequentemente, neste mesmo sentido, da «vocação» das classes trabalhadoras, cf., p. ex., *Theorie des Eigentums, ibidem*, p. 144.

levar os grupos em causa aos interesses que lhes tinham sido atribuídos, dependeria, por seu lado, apenas das regras através da quais a teoria teria analisado a realidade social. Já entre os saint-simonistas e outros representantes do primeiro socialismo existia o perigo de a teoria socialista cair numa espécie de autorreferencialidade, projetando na realidade social um movimento coletivo que justificava os próprios prognósticos, mas que tinha sido construído através da atribuição de interesses ao mesmo. Esta tendência para um encerramento autorreferencial da teoria agravou-se com a obra de Karl Marx. Quase todos os seus escritos revelam, de várias formas, o facto de ele contar com interesses objetivos por parte dos atores sociais, procurando entender as suas próprias análises como órgão de expressão destes interesses. Os seus tratados de história política são os únicos que parecem ter em conta os desejos concretos de grupos sociais, na medida em que evitam o perigo de pressupor que todos os membros da classe dos assalariados possuem um interesse comum([68]). No entanto, nos escritos antropológicos da sua primeira fase, Marx assume uma abordagem completamente diferente, uma abordagem imputativa, procurando compreender o proletariado na sua totalidade como um sujeito único que, em nome da espécie humana, exprime claramente a necessidade urgente de autorrealização no trabalho. Marx estava convicto de que, no capitalismo, o interesse profundo que cada ser humano é suposto possuir por natureza em se ver reificado e confirmado no produto da sua atividade só está representado no coletivo dos trabalhadores assalariados, porque só este se

---

([68]) Para todo este complexo de problemas cf.: Cornelius Castoriadis, *Gesellschaft als imaginäre Institution. Entwurf einer politischen Theorie*, Frankfurt/M. 1984, Primeira Parte, I, p. 19-120; Jean L. Cohen, *Class and Civil Society. The Limits of Marxian Critical Theory*, Amherst 1982. Sobre a tensão existente entre os escritos sistemáticos e históricos de Marx cf. também: Axel Honneth, «Die Moral im "Kapital". Versuch einer Korrektur der Marxschen Ökonomiekritik», em: Jaeggi/Loick (Org.), *Nach Marx, ibidem*, p. 350-363.

dedica a trabalho concreto, reconhecendo na alienação do mesmo a distância em relação às suas aspirações naturais[69].

A viragem para uma análise do capitalismo fundamentada na economia, levada a cabo por Marx após 1850, alterou a sua justificação para a suposta existência de um interesse comum a todo o proletariado, mas não a sua interpretação deste como um interesse que desde sempre tivera uma orientação revolucionária. Agora, os membros da classe trabalhadora não aspirariam coletivamente à abolição da propriedade privada capitalista devido a um objetivo da natureza humana ainda sentido, mas sim porque o agravamento da exploração resultante do sistema os obriga a assegurar em conjunto a sua pura sobrevivência económica[70]. Por conseguinte, Marx tanto nos escritos iniciais, como nas suas obras mais tardias, parte do pressuposto de que os objetivos defendidos pela sua própria teoria já estão representados na realidade social por um sujeito coletivo que é suposto possuir um interesse comum na revolução, apesar de todas as diferenças entre as sensibilidades concretas de cada membro. No entanto, este pressuposto altamente duvidoso do ponto de vista metodológico levou a doutrina socialista a estar associada, a partir daí, com uma necessidade quase transcendental, à existência de um movimento social sem que houvesse, no entanto, qualquer certeza empírica de que o mesmo existisse na sua forma prevista dentro da realidade social.

Sendo assim, pelo menos a partir da teoria de Marx, todas as ideias socialistas surgidas na primeira metade do século XIX foram declaradas produto intelectual exclusivo de uma classe trabalhadora revolucionária, prescindindo-se de qualquer reflexão sobre a sua verdadeira composição e os seus reais interesses, uma vez que, graças ao método de atribuição racional, esta foi

---

[69] Cf., por exemplo: Karl Marx, «Ökonomisch-philosophische Manuskripte» [1984], em: Marx/Engels, *Werke (MEW)*, Ergänzungsband I, *ibidem*, p. 465--588, aqui: p. 553s.
[70] Cf. as famosas formulações em: Marx, *Das Kapital*, *ibidem*, p. 790s.

entendida, por assim dizer, como um componente constante de todas as sociedades capitalistas, deixando eventuais dúvidas e questões de possuir qualquer relevância. Desde que a realidade social disponibilizasse material ilustrativo suficiente que apoiasse vigorosamente a insistência nesta grandeza imaginária, não havia qualquer motivo para duvidar de que a doutrina socialista exprimia e refletia, pura e simplesmente, a realidade. Mesmo aos primeiros representantes da social-democracia alemã a convicção de que as suas próprias ideias refletiam pura e simplesmente os interesses de todos os assalariados parecia demasiado irrefutável para que eles reconhecessem qualquer erro nas mesmas. Nunca será demais realçar o mérito de ter sido o círculo dos teóricos da Escola de Frankfurt, organizado por Horkheimer, o primeiro a levantar objeções com fundamento empírico a esta ficção sociológica de uma classe trabalhadora revolucionária. De qualquer modo, a investigação interdisciplinar sobre o «autoritarismo» da classe trabalhadora desencadeou um processo que levaria inevitavelmente à conclusão de que as situações de vida específicas das classes não se traduziam automaticamente em determinadas aspirações ou interesses([71]). Quando, depois da Segunda Guerra Mundial, as relações laborais também começaram a mudar rapidamente nos países capitalistas do Ocidente e o setor dos empregados passou a predominar cada vez mais no mercado de trabalho, falou-se logo da sociedade pós-industrial([72]), a associação do socialismo à classe, antes pensada como certa, terminou de vez. Onde não só deixou de existir um proletariado revolucionário, mas os próprios trabalhadores industriais se tornaram uma minoria na massa de todos os assalariados, já não

---

([71]) Institut für Sozialforschung (Org.), *Studien über Autorität und Familie*, Paris 1936; Erich Fromm, *Arbeiter und Angestellte am Vorabend des Dritten Reiches. Eine sozialpsychologische Untersuchung*, com revisão e introdução de Wolfgang Bonß, Stuttgart 1980.
([72]) Cf. por exemplo, Daniel Bell, *Die nachindustrielle Gesellschaft*, Frankfurt/M., Nova Iorque 1975.

podia existir qualquer possibilidade de continuar a conceber os ideais socialistas como a simples expressão intelectual de um sujeito desde sempre revolucionário ([73]). No entanto, o problema assim criado é de tal importância que é frequente nem sequer ser reconhecido na sua dimensão total. O socialismo, aos olhos dos seus representantes mais importantes, era muito mais do que uma teoria política entre outras, comparável, por exemplo, com o liberalismo. Pelo contrário, era suposto tratar-se de uma doutrina orientada para o futuro, com intenções práticas, que ajudara a concretizar um interesse já existente dentro da sociedade, ativando-o e corrigindo-o graças às suas visões de liberdade social. Porém, ao deixar de ser sequer possível pressupor um tal interesse pré-científico, uma vez que, do ponto de vista empírico, os indicadores da sua existência, por mais fracos que fossem, desapareceram, o socialismo terá de correr o perigo de, juntamente com a sua ligação ao movimento social, perder também a sua razão de existência. É que, sem ligação a uma força social cujos objetivos já exigem comprovadamente a sua concretização, o socialismo, tal como qualquer outra teoria normativa, não passa de um ideal perante uma realidade inflexível. Sendo assim, a corrosão do movimento dos trabalhadores foi mais do que um mero acidente de percurso para a tradição socialista. Pelo contrário, o desaparecimento de qualquer esperança de ainda encontrar no proletariado o resto de interesse numa mudança revolucionária que lhe foi atribuído atingiu o socialismo no seu próprio cerne, isto é, na pretensão de ser a expressão teórica de um movimento vivo ([74]).

([73]) Cf., por exemplo, Josef Mooser, *Arbeiterleben in Deutschland 1900-1970*, Frankfurt/M. 1984, p. 184s.

([74]) Esta consciência encontra a sua expressão dentro do socialismo radical, sobretudo no movimento francês do pós-guerra «*Socialisme ou barbarie*»; cf., por exemplo: Cornelius Castoriadis, *Sozialismus oder Barbarei. Analysen und Aufrufe zur kulturrevolutionären Veränderung*, Berlim 1980; sobre este grupo como tal cf. François Dosse, *Castoriadis. Une Vie*, Paris 2014,

Face a esta situação histórica, o socialismo encontra-se hoje perante a alternativa de aceitar a sua associação a uma teoria puramente normativa ou de procurar uma substituição para a ligação perdida ao movimento dos trabalhadores. No primeiro caso, teria de enveredar pelo caminho já iniciado em muitos lugares e que consiste em dar aos seus próprios ideais a forma de princípios de justiça abstratos para os defender em pé de igualdade contra teorias concorrentes [75]. No segundo caso, pelo contrário, seria colocado perante a tarefa de encontrar um interesse da sociedade pelos seus próprios objetivos a um nível tão geral que o mantivesse afastado, por princípio, da oscilação contingente dos movimentos sociais. Antes de voltar a referir-me a estas duas alternativas no próximo capítulo, debruçar-me-ei sobre o terceiro complexo de temas da teoria social no qual a herança problemática do socialismo se manifestou desde cedo.

3. A hipótese de um sujeito revolucionário que vive no capitalismo insistindo, por si, numa concretização dos ideais corretos é completada, no pensamento da teoria social dos primeiros socialistas, quase sempre pelo pressuposto da filosofia da história segundo o qual as relações de produção existentes

---

Cap. 3 e 4. Cf. também o estudo decisivo de André Gorz: *Abschied vom Proletariat. Jenseits des Sozialismus*, Reinbek bei Hamburg 1984. No pensamento da esquerda radical do pós-operariado, a consciência do desmembramento do movimento dos trabalhadores reflete-se na substituição do proletariado industrial pela «multitude» enquanto destinatários: Michael Hardt/Antonio Negri, *Empire. Die neue Weltordnung*, Frankfurt/M. 2003. No entanto, o luto pelo desaparecimento da classe outrora vista como «revolucionária» é vivido sobretudo na literatura, no cinema e na música: cf., por exemplo: Alan Sillitoe, *Die Einsamkeit des Langstreckenläufers* [1959], Zurique 1967; Bob Dylan, *Workingsman's Blues #2*, 2006 («Modern Times»). Para uma descrição de pendor sociológico da autodissolução do proletariado tradicional cf.: Jefferson Cowie, *Stayin' Alive. The 1970s and the Last Days of the Working Class*, Nova Iorque 2010.

[75] Cf., por exemplo, Gerald A. Cohen, *Self-Ownership, Freedom and Equality*, Cambridge 1995.

se desenvolveriam em breve de uma forma inevitável do ponto de vista histórico. O problema desta premissa, que constituía o terceiro fardo hereditário do socialismo, não consiste no facto de ter incentivado investigações sobre as forças autodestrutivas do capitalismo, mas sim no facto de, com a sua ideia de uma evolução linear, ter tornado impossível qualquer abordagem experimental de processos e potencialidades históricos. A origem deste esquema de pensamento começou, mais uma vez, logo com Saint-Simon e a sua escola. Os adeptos desta escola seguem o seu mestre na ideia inspirada em Turgot e Condorcet([76]), segundo a qual a história humana percorre o caminho de um progresso permanente promovido, a cada nova etapa, pela adaptação necessária das relações sociais às conquistas contínuas da tecnologia e da ciência([77]). Os saint-simonistas interpretavam a sua própria época, na França pós-revolucionária, à luz desta ideia de progresso, como uma época de estagnação «histórica» na qual as possibilidades do modo de produção industrial ainda não podiam ser todas aproveitadas pela sociedade, porque o regime de propriedade herdado, e ainda não eliminado, havia dotado uma classe inativa com todo o poder de configurar a sociedade. Por conseguinte, na sua perspetiva, o próximo passo no processo histórico deveria consistir inevitavelmente na transferência do património não merecido das classes ociosas da burguesia, da nobreza e do clero para as mãos de um banco central estatal que, com as suas decisões relativas ao crédito, criaria as condições económicas para a grande comunidade cooperativa de todos aqueles que trabalhavam na indústria([78]).

([76]) Cf. sobre esta tradição do pensamento da filosofia da história na qual estão inseridos muitos representantes da primeira fase do socialismo: Robert Nisbet, *History of the Idea of Progress*, Nova Iorque 1980, II, Cap. 6.
([77]) Salomon-Delatour (Org.), *Die Lehre Saint-Simons, ibidem*, p. 55-66; cf. também Cole, *Socialist Thought, ibidem*, Cap. IV e V.
([78]) Salomon-Delatour (Org.), *Die Lehre Saint-Simons, ibidem*, p. 125--130.

Nem todos os autores que se dedicaram naquele período ou um pouco mais tarde à elaboração de ideias socialistas utilizaram um modelo histórico-filosófico de progresso semelhante aos saint-simonistas. Quanto mais ativa a sua intervenção nos acontecimentos políticos ou quanto mais direta a sua participação na construção de iniciativas económicas alternativas – veja-se o exemplo de Robert Owen – tanto menos se deixaram levar por especulações ousadas sobre leis da evolução histórica. Porém, a maioria dos primeiros socialistas pensava, tal como a escola dos saint-simonistas, que as próprias atividades intelectuais deveriam ser compreendidas como passos necessários num processo incessante do progresso inevitável da espécie humana. Para eles, o socialismo não representa senão o produto do reconhecimento de uma evolução inevitável cuja próxima etapa consistiria na superação das relações de concorrência da economia de mercado e na sua substituição por uma associação cooperativa de todos os trabalhadores. Este pensamento histórico-filosófico também se encontra, por exemplo, na obra de Louis Blanc, um representante bastante moderado do novo movimento. Inspirado em Condorcet e sobretudo também em Saint-Simon, os quais admirou muito durante toda a sua vida, parte do princípio de que o processo contínuo de esclarecimento científico obrigaria, mais cedo ou mais tarde, à execução das reformas no sentido de uma comunidade económica solidária que ele próprio tinha recomendado nas suas obras programáticas([79]). Se, por um lado, estas ideias revelam, mais uma vez, em que medida a autopercepção dos primeiros socialistas franceses ficou dependente do otimismo em relação ao progresso iluminista clássico, no qual os conhecimentos científicos eram considerados o motor de um avanço linear da civilização humana, o pensamento de Proudhon, pelo contrário, já mostra as primeiras influências da filosofia da história de Hegel. Proudhon, precisamente como os

---

([79]) Cole, *Socialist Thought, ibidem*, p. 169.

seus companheiros, também quis compreender o socialismo que apregoava como característica de uma ordem social futura para a qual a evolução histórica seria impelida com a inevitabilidade de uma lei comprovável. No entanto, ao contrário dos outros representantes do movimento em França, ele não procurava explicar esta inevitabilidade do processo como resultado de uma cientificização crescente, mas sim como resultado de um processo progressivo de conciliação renovada permanentemente entre classes antagónicas([80]). Com estas alusões ao papel das lutas sociais de classes, garantes do progresso, Proudhon – um mestre na sintetização de tradições muito afastadas umas das outras – preparou o caminho para a filosofia da história de Marx. Apesar de este, mais tarde, ter negado qualquer influência do anarquista francês sobre a sua própria obra, sujeitando-o até a uma dura crítica([81]), o seu materialismo histórico revela constantemente vestígios nítidos dos raciocínios especulativos de Proudhon.

De qualquer modo, a obra de Karl Marx apresenta duas versões muito diferentes da ideia de um progresso inevitável, característica dos primeiros socialistas([82]). Na primeira destas duas abordagens concorrentes, sob influência nítida de Hegel e Proudhon, pressupõe-se uma luta das classes sociais como força motriz da evolução social, luta essa cuja sequência deverá revelar uma linha contínua de melhorias, porque os interesses de um grupo cada vez maior e excluído até à data fazem-se impor em cada nível. Para Marx, o socialismo, este processo progressivo, mediado por conflitos, representa a penúltima fase, na medida em que o proletariado, que conquista aqui

---

([80]) Cf. as notas em: *ibidem*, p. 208.

([81]) Karl Marx, *Das Elend der Philosophie. Antwort auf Proudhons «Philosophie des Elends»*, em: Karl Marx/Friedrich Engels, *Werke (MEW)*, Vol. 4, Berlim 1972, p. 63-182.

([82]) Cf. sobre esta tensão: Castoriadis, *Gesellschaft als imaginäre Institution*, *ibidem*, Cap. I.

o poder de configuração social, constitui aquela maioria da população cujas aspirações sempre tinham sido oprimidas([83]). Pelo contrário, o segundo modelo explicativo apresentado por Marx para tornar plausível o pressuposto de um progresso orientado na história humana está completamente adaptado a um processo linear de aumento do domínio do meio ambiente baseado no conhecimento. Por conseguinte, não será errado supor que esta abordagem alternativa constitui um desenvolvimento das ideias de Saint-Simon e da sua escola. Portanto, Marx, no âmbito do seu segundo modelo, pressupõe que o motor da evolução social consiste num aumento permanente da capacidade humana de dominar a natureza cujas potencialidades não aproveitadas é suposto forçarem a adaptação progressiva das formas de organização da sociedade. Gera-se, assim, uma forma completamente diferente de progresso inevitável que consiste, em última análise, na necessidade de uma adaptação permanente – através de mudanças revolucionárias – de relações de produção lentas e estáticas ao nível tecnológico das forças produtivas([84]). Por conseguinte, a interpretação mais recente desta versão do materialismo histórico, da autoria de Gerald Cohen([85]), tem toda a razão de ser, ao considerá-lo uma espécie de determinismo tecnológico.

No entanto, apesar de todas as diferenças – por um lado, a evolução das forças produtivas, por outro, a luta de classes –, ambos os modelos explicativos coincidem em pressupor como etapa seguinte, iminente, do processo de evolução inevitável da história a existência de um modo de produção chamado

---

([83]) Cf. sobretudo Karl Marx/Friedrich Engels, *Manifest der Kommunistischen Partei*, em: Karl Marx/Friedrich Engels, *Werke (MEW)*, Vol. 4, *ibidem*, p. 459-493.

([84]) Entre as muitas formulações que Marx atribuiu a esta «lei» refira-se apenas: Marx, *Das Kapital*, p. 791.

([85]) Gerald A. Cohen, *Karl Marx's Theory of History: A Defence* [1978], Princeton/New Jersey 2001.

«socialista», no qual todos os antagonismos até então existentes se dissolveriam. O contributo ou a ação dos agentes envolvidos desempenha um papel meramente secundário, uma vez que não passa de uma expressão de necessidades históricas que se irão impor inevitavelmente «atrás das suas costas» e, portanto, sem eles se aperceberem. É certo que, na história do marxismo, houve repetidas tentativas de enfraquecer ou relativizar este papel do conceito de inevitabilidade no materialismo histórico, para poder enfrentar objeções óbvias. Os representantes da chamada Teoria Crítica, por exemplo, propuseram uma compreensão de Marx segundo a qual só se devia falar de um fluir inevitável dos processos históricos se as relações de produção sociais ainda se reproduzissem de forma «natural», escapando, portanto, ao controlo racional através do planeamento humano([86]). Porém, no socialismo do século XIX a ideia de inevitabilidade histórica não foi utilizada nesta forma refinada e limitada historicamente. Neste predominou desde o início a ideia, baseada no otimismo de Saint-Simon relativo à ciência e reforçada pela conceção de história de Marx, rapidamente popularizada, de que as próprias visões de uma comunidade cooperante de produtores livres não constituíam senão a expressão de algo para o que a evolução histórica já se dirigia inevitavelmente por si, devido à dinâmica interna de progresso que possuía.

No entanto, problemático nesta conceção determinista de progresso não era apenas o facto de ela favorecer uma atitude política de «esperar para ver», que se tornaria, em breve, o cerne das discussões mais acesas dentro do movimento([87]). Muitos dos

---

([86]) Cf., por exemplo: Theodor W. Adorno, «Die Idee der Naturgeschichte», em: Theodor W. Adorno, *Philosophische Frühschriften = Gesamelte Schriften*, Vol. 1, Frankfurt/M. 1973, p. 345-365; Alfred Schmidt, *Der Begriff der Natur in der Lehre von Marx*, Frankfurt/M. 1971, sobretudo Cap. III.

([87]) Cf., por exemplo: Dieter Groh, *Negative Integration und revolutionärer Attentismus. Die deutsche Sozialdemokratie am Vorabend des Ersten Weltkriegs*, Frankfurt/M., Berlim e Viena 1974.

debates entre social-democratas ou comunistas, nos inícios do século XIX, sobre o entendimento exato das afirmações sobre as leis da história e sobre a questão de saber se não seria melhor substituí-las por uma ética ativadora da ação transformadora, testemunham as confusões criadas no movimento socialista pelo determinismo da filosofia da história dos pais fundadores[88]. Porém, mais decisivo ainda na ideia de um progresso inevitável era o facto de este impedir a compreensão, num horizonte próximo, da evolução histórica como uma soma de desafios sempre novos, cuja adequação a melhorias sociais deveria ser explorada empiricamente. Tal como constatou John Dewey de forma lúcida[89], a suposição da existência de inevitabilidades históricas impediu o socialismo quase por completo de se entender a si próprio como um movimento que deveria descobrir, através de experiências sociais, como seria possível concretizar o mais rapidamente e da melhor maneira a ideia central de liberdade social, de acordo com as condições históricas. Em vez disso, todos os seus representantes tinham claro desde sempre que forma deveria assumir a concretização da liberdade na nova sociedade, sem que fosse necessário verificar que oportunidades de mudança eram oferecidas pelas condições em rápida mudança.

O que estava em causa nesta exclusão da experiência enquanto método histórico-prático não era decidir entre o empenho em prol de uma reforma ou em prol de uma revolução. Mesmo aqueles que partiam de uma possibilidade de implementação progressiva dos princípios socialistas de organização não queriam deixar a

---

[88] Cf., por exemplo, os debates documentados nas obras seguintes: Hans Jörg Sandkühler (Org.), *Marxismus und Ethik:Texte zum neukantianischen Sozialismus*, Frankfurt/M. 1974; Nikolai Bucharin/Abram Deborin, *Kontroversen über dialektischen und mechanistischen Materialismus*, Frankfurt/M. 1974.

[89] Cf. John Dewey, *Liberalism and Social Action*, em: John Dewey, *The Later Works*, Vol. II: 1935-1937, Carbondale 1980, p. 1-65; Maurice Merleau-Ponty apresentou uma reflexão semelhante sobre o marxismo ortodoxo, ver *Die Abenteuer der Dialektik*, ibidem, p. 65ss.

sua determinação à exploração processual de oportunidades e espaços de manobra desaproveitados, mas fingiam possuir já de antemão uma certeza apodíctica nesta matéria. A distância face a uma compreensão experimental da ação histórica era categórica e não gradual no próprio socialismo: devido à crença no curso inevitável da história, existia à partida clareza quanto ao próximo passo necessário para a mudança social, de modo que nem sequer parecia indispensável um teste situacional das potencialidades existentes.

Esta incapacidade do socialismo para o experimentalismo histórico encontrou desde o início a sua expressão mais forte no campo para o qual as ideias que ele desenvolvera tinham sido quase exclusivamente previstas. De facto, no que diz respeito à configuração social das relações económicas, a ideia segundo a qual ao mercado só poderia seguir-se a alternativa de uma economia de planeamento central, superior ao mesmo, pelo que deixaria de existir margem de manobra intelectual para mediações ou reequilíbrios institucionais, impôs-se desde cedo, o mais tarde com Marx. Este autobloqueio teórico, provocado por um pensamento em categorias de uma sequência de fases históricas fixa, levou o socialismo a perder durante décadas a oportunidade de explorar, sequer, de forma experimental, os possíveis caminhos de uma concretização da liberdade social na esfera económica. Pelo contrário, tal como no caso do seu próprio adversário – a doutrina económica até hoje dominante –, já estava à partida determinada qual deveria ser a forma institucional adequada para a criação de bem-estar económico. Se, por um lado, a doutrina económica oficial, anunciada nas cátedras, apresenta, até hoje, a imagem de um mercado «livre» de todas as influências políticas, como se de um dogma inquestionável se tratasse, por outro lado, o socialismo também continua reduzido, pelo menos na opinião pública, à ideia de que a economia de mercado capitalista só poderá ser substituída com sucesso por uma economia planificada centralmente.

Se reconsiderarmos mais pormenorizadamente os três pressupostos conceptuais básicos que procurei analisar retrospetivamente como as pesadas heranças teóricas do socialismo, revelar-se-á que todos devem o seu surgimento à ligação às circunstâncias intelectuais e sociais da fase inicial da modernização capitalista. Basta a primeira premissa da conceção socialista de sociedade e de história para verificar facilmente como, a partir de uma situação única do ponto de vista histórico, se tiraram conclusões precipitadas acerca da ordem desejável para todas as sociedades futuras. A ideia de que, a partir daí, já não seriam necessárias mais negociações democráticas de objetivos comuns, podendo, portanto, deixar-se toda a integração social à vontade unida dos produtores cooperantes entre si, só pode ter surgido de alguém que se deixou levar pela tremenda dinâmica da industrialização nascente, pressupondo que, no poder organizado da mesma também residiria a fonte do controlo político. Portanto, a ideia errada de, no futuro, poder prescindir da garantia dos direitos individuais à liberdade foi o preço que os primeiros socialistas tiveram de pagar pela sua crença não questionada na capacidade de integração global do trabalho social. O mesmo se diga do segundo pressuposto básico problemático que encontrámos ao passar pelos pontos comuns da teoria social de Saint-Simon a Marx. É que a convicção de que o sistema social capitalista também implica inevitavelmente um opositor interno na figura de um proletariado disposto a participar numa revolução, no qual o movimento socialista se poderia apoiar permanentemente, só pode ser compreendida no contexto da primeira industrialização, uma industrialização praticamente desenfreada. Naquela época, anterior à existência de qualquer legislação social e à conquista do direito de voto, talvez pudesse de facto parecer, momentaneamente, que a classe dos trabalhadores industriais se uniria de tal maneira em consequência da exploração forçada, da redução de salários e de uma ameaça permanente de desemprego que os seus membros estariam em posição de formar um interesse comum na superação do capitalismo. No entanto, toda a evolução subsequente, resumida de forma muito geral no conceito do «aburguesamento», desmentiu este prognóstico ligado a uma determinada época e, portanto, o método de atribuição de interesses objetivos. Esta dependência do processo da revolução industrial aplica-se, por fim, também à terceira premissa da teoria social dos primeiros socialistas: o pressuposto da existência de um avanço inevitável na história. No entanto, neste caso, não foram as circunstâncias socioeconómicas da época, mas sim as intelectuais que encontraram expressão no pensamento dos nossos autores. Tanto a conceção de história dos saint-simonistas, como a de Louis Blanc ou de Karl Marx, alimentam-se fortemente do espírito do progresso do período inicial do Iluminismo, no qual a esperança no efeito benéfico da ciência e da tecnologia assumia frequentemente a forma de afirmações axiomáticas sobre a melhoria gradual das condições da vida humana([90]). Este otimismo da filosofia da história, presente desde o pensamento dos primeiros socialistas até ao materialismo histórico, encontra a sua expressão meio século mais tarde na convicção de que a ordem social aspirada na prática e designada «socialista» constituía a fase do processo histórico que, num futuro próximo, se seguiria necessariamente, com uma inevitabilidade quase causal, à situação do momento.

Não é certamente errado – e também já não carece de justificação – pressupor que a causa do envelhecimento rápido e silencioso das ideias socialistas pouco depois do fim da Segunda Guerra Mundial se deve a estas suas ligações ao espírito e à sociedade da revolução industrial. Assim que as condições sociais se alteraram radicalmente, em consequência das inovações tecnológicas, das mudanças estruturais da sociedade e das reformas

---

([90]) Cf., por exemplo, Nisbet, *History of the Idea of Progress, ibidem*, Parte II, Cap. 6; Peter Gay, *The Enlightenment:The Science of Freedom*, Nova Iorque 1996, Cap. II.

políticas, portanto, nos anos sessenta e setenta do século XX, as ideias dos pais fundadores perderam inevitavelmente a sua força de atração original, porque o conteúdo da sua teoria social estava profundamente enraizado nos inícios do século XIX. Por conseguinte, qualquer tentativa de dar hoje uma vida nova aos velhos ideais tem de começar pelo grande esforço de anular a sua ligação com pressupostos básicos da teoria social que se tornaram, entretanto, insustentáveis, criando, assim, espaço para uma articulação atualizada. Só será possível à visão original de liberdade social recuperar um pouco da sua virulência anterior se puder ser desenvolvida numa teoria social e histórica que esteja à altura das condições atuais. Mas é preciso ter cuidado, porque as três premissas atrás referidas não podem ser pura e simplesmente eliminadas sem substituição. Estas constituem elementos necessários de uma doutrina que motiva a prática e que é orientada para o futuro, pelo que é preciso encontrar um substituto teórico a um nível abstrato, separado do espírito industrialista. Os próximos dois capítulos do meu livro pretendem começar a desenvolver as primeiras propostas para esta reformulação necessária. Em primeiro lugar, gostaria de demonstrar, no contexto da crítica da economia de mercado capitalista, qual deveria ser hoje a compreensão da história por parte do socialismo se, apesar da renúncia a qualquer fé na inevitabilidade ou ao pressuposto de um automatismo histórico, se pretende suscitar confiança na exequibilidade das melhorias esperadas (Capítulo III). Por fim, pretendo fazer um esboço de como a compreensão da sociedade e, portanto, também o horizonte global do projeto do socialismo deveria mudar fundamentalmente se, após uma longa hesitação, reconhecesse finalmente, de forma adequada, o facto da diferenciação funcional das sociedades modernas (Capítulo IV).

III.

Caminhos de renovação (1): socialismo como experimentalismo histórico

No início deste terceiro capítulo, voltarei a fazer um breve resumo dos resultados da reflexão produzida até agora, para explorar os desafios atuais que se colocam na renovação do socialismo como tal. Se quiséssemos resumir as características constitutivas deste movimento teórico numa única frase, depois daquilo que foi dito até agora, seríamos forçados a uma formulação paradoxal: o socialismo desenvolve a ideia fértil e de grande alcance de uma dissolução das heranças contraditórias da Revolução Francesa através da institucionalização de liberdades sociais no âmbito de uma forma de pensamento que se baseia, quase em todos os aspetos, na experiência da revolução industrial. Realçando ainda mais claramente o paradoxo, poderia dizer-se, recorrendo a uma ideia de Marx, que, no socialismo, o quadro teórico proveniente da revolução industrial impede a força produtiva normativa da ideia da liberdade social de desenvolver de facto o potencial que lhe é inerente. Os motivos excedentes, que apontam muito para além do seu tempo, incluídos originalmente na intenção político-prática de criar, no futuro, uma sociedade moderna como comunidade de sujeitos que trabalham uns para os outros, não podiam ser plenamente desenvolvidos pelos teóricos do movimento original, porque estes ficaram demasiado presos aos pressupostos conceptuais da sociedade do trabalho do capitalismo de Manchester. Já existiam diagnósticos semelhantes da problemática fundamental do socialismo, a partir de uma perspetiva crítica simpatizante, pelo menos desde o fim da Segunda Guerra Mundial. Aqui é certamente necessário referir, antes de mais, os trabalhos do círculo da França do pós-guerra reunido em torno da revista *Socialisme ou barbarie*, do qual Cornelius Castoriadis poderá ser considerado o representante mais importante([91]). A tentativa feita por Jürgen Habermas, logo após a queda do Muro, de isolar o núcleo do socialismo digno de preservação, também tem certamente de ser incluída nestes esforços de reanimação atualizada da ideia original([92]). Ao contrário do chamado «marxismo analítico», que procura simplesmente livrar-se dos problemas atrás referidos, apresentando o socialismo como uma alternativa puramente normativa às teorias da justiça liberais([93]), aquela outra linha de tradição representada exemplarmente por Cornelius Castoriadis e Jürgen Habermas insiste na ideia

---

([91]) Castoriadis, *Sozialismus oder Barbarei*, ibidem. As propostas de revisão do grupo «prático» jugoslavo pertencem também certamente a este mesmo contexto; cf., por exemplo: Predrag Vranicki, *Marxismus und Sozialismus*, Frankfurt/M .1985; Gajo Petrović, *Wider den autoritären Maxismus*, Frankfurt/M. 1969.

([92]) Jürgen Habermas, «Nachholende Revolution und linker Revisionsbedarf. Was heißt Sozialismus heute?», em: J. Habermas, *Die nachholende Revolution*, Frankfurt/M. 1990, p. 179-204.

([93]) Cf. John Roemer (Org.), *Analytical Marxism*, Cambridge 1986; Cohen, *Self-Ownership, Freedom, and Equality*, ibidem. Joshua Cohen e Joel Rogers chamaram, de forma muito convincente, a atenção para o défice político-prático das ideias de socialismo desenvolvidas pelo marxismo analítico: «My Utopia or Yours?», em: Erik Olin Wright (Org.), *Equal Shares. Making Market Socialism Work*, Londres/Nova Iorque 1996, p. 93-109.

de que esta doutrina tem de constituir uma teoria que garanta reflexivamente as suas próprias condições de possibilidade, visando, com uma intenção prática, uma outra forma de vida. Sendo assim, no socialismo aspira-se a muito mais do que a uma conceção melhor de justiça social, pretende-se muito mais do que uma justificação tão convincente quanto possível de um dever moral, porque, ao recorrer-se ao conceito de movimento orientado para o futuro, pretende-se sempre também, ao fim e ao cabo, tornar a sociedade «social» no pleno sentido da palavra, através da libertação de forças ou potenciais já existentes na mesma. Quem compreende de forma tão abrangente o desafio que a tentativa de renovação do socialismo enfrenta atualmente vê-se confrontado com uma série de problemas de difícil solução face à pesada herança resultante da radicação do mesmo nos primórdios da industrialização. É que, neste caso, é necessário encontrar uma substituição objetiva a um nível superior de generalização para todos os principais pressupostos fundamentais enganadores da teoria da história ou da sociedade com base nos quais os primeiros pensadores do movimento procuraram cumprir as pretensões que estabeleceram para si próprios. Nem a ideia normativa de implantação de liberdades sociais, nem a ideia de um movimento que já representaria esta primeira ideia dentro da sociedade, nem o pressuposto de uma tendência histórica que apoiasse as próprias intenções podem ser assumidos tal como foram formulados originalmente pelos pais fundadores. Pelo contrário, é necessário encontrar um complemento para cada um dos três pressupostos fundamentais que constituem conjuntamente o socialismo como uma teoria que visa alterações práticas que possa estar à altura da evolução da consciência que se verifica atualmente. Sendo assim, se queremos que o socialismo tenha algum futuro hoje, ele só poderá ser retomado numa forma pós-marxista.

Este é o esboço da tarefa que gostaria de empreender, pelo menos em linhas gerais, nos dois capítulos que se seguem.

Será, portanto, necessário encontrar fórmulas mais abstratas, mais adequadas ao nosso tempo, para os elementos da teoria da história e da teoria social do socialismo clássico, fórmulas essas que revelem que continua a justificar-se e que é historicamente possível orientar a conjugação das nossas forças unidas para o alargamento não das nossas liberdades individuais, mas sim das nossas liberdades sociais. No entanto, neste primeiro esboço não poderei proceder como no segundo capítulo, onde me debruçarei sucessivamente sobre os referidos três pilares da teoria social socialista. Pelo contrário, para encontrar soluções adequadas a nível abstrato, tenho de me mover permanentemente entre os diversos pressupostos fundamentais, uma vez que a correção num campo só será possível procedendo a correções noutros campos. Portanto, como sempre, na minha tentativa de conquista de uma imagem da sociedade e da história útil para o socialismo, todos os aspetos estão relacionados entre si. Não será possível alterar adequadamente nenhuma premissa de uma conceção tradicional e ultrapassada, sem alterar as outras.

Parece-me, contudo, razoável começar esta atualização teórica do socialismo pelo ponto que tomei inicialmente na reconstrução das premissas da sua teoria social. Afinal, a intenção de identificar o ponto na sociedade moderna no qual a liberdade social deverá encontrar futuramente um lugar institucional constitui o elemento fulcral de todos os esforços práticos do movimento original. Tal como já vimos, todos os pensadores deste movimento, sem exceção, partilham a convicção de que a causa social para a compreensão puramente individualista da liberdade e, portanto, para a discórdia no sistema de legitimação da nova ordem liberal reside nos constrangimentos ao comportamento colocados por um sistema econômico que obriga todos os envolvidos a seguir apenas os seus próprios interesses e, por conseguinte, a encarar os parceiros de interação apenas como concorrentes. Embora inicialmente ainda se verifique uma grande falta de clareza no que diz respeito à forma como a economia de mercado prestes a estabelecer-se com uma grande dinâmica deverá ser entendida em detalhe – neste ponto, só Marx conseguirá, mais tarde, criar alguma clareza com a sua análise do capitalismo – [94], todos concordam que é necessária uma superação radical do individualismo, antes de mais na esfera económica, para que exista, sequer, uma hipótese de sucesso para o projeto de conciliação entre liberdade e fraternidade e, portanto, para uma «socialização» da sociedade. Esta equiparação entre a solidariedade a criar e o sistema económico a transformar, entre liberdade social e economia cooperativa, deverá ser considerada a razão pela qual o socialismo, pouco tempo após o seu surgimento, era considerado, tanto interna, como externamente, apenas como um programa de política económica. Como predominava dentro do movimento a convicção de que as forças de dessocialização e individualização crescentes radicavam exclusivamente na nova ordem económica capitalista, concluía-se, pura e simplesmente, que a substituição da liberdade individual pela liberdade social neste mesmo lugar também criaria todas as condições prévias necessárias para o estabelecimento de relações solidárias entre os membros da sociedade. Penso que a conclusão que acabei de esboçar, decisiva para o socialismo tradicional no seu todo, deverá ser submetida a duas correções independentes uma da outra, caso queiramos que as suas intenções voltem a ser úteis no presente. A primeira destas revisões diz respeito ao tipo de ideias desenvolvidas já na altura com vista à transformação do sistema económico (1.); a segunda refere-se à intenção geral de pensar as liberdades de uma sociedade futura, solidária, apenas nos termos de uma liberdade social dentro da esfera económica (2.). Este capítulo debruçar-se-á sobre a primeira destas duas correções necessárias. No quarto capítulo dedicar-me-ei à questão da constituição liberal de uma sociedade futura, que se possa

---

[94] Sobre a importância e os limites da teoria económica marxista cf. Heimann, *Geschichte der volkswirtschaftlichen Lehrmeinungen*, *ibidem*, Cap. VI.

considerar «socialista». Estas duas reflexões revelarão que as correções dentro deste elemento central da política económica do socialismo original tornam simultaneamente necessárias alterações nas suas duas outras premissas teóricas, isto é, no seu conceito da história, assim como no seu modelo social.

No que diz respeito aos primeiros socialistas, talvez ainda possa dizer-se com alguma benevolência hermenêutica que eles concebiam os seus projetos de uma ordem económica alternativa como ensaios experimentais da margem de manobra que o meio recém-surgido do mercado ofereceria ao alargamento de relações solidárias e cooperativas entre os envolvidos. Em todo o caso, as iniciativas de Owens relativas à criação de cooperativas de produção e os planos desenvolvidos sobretudo em França no sentido de garantir uma distribuição justa, através de um banco central, de um capital de arranque para empresas, beneficiando sobretudo as classes mais baixas, visavam sobretudo tornar as massas trabalhadoras – sob a forma de cooperativas autogeridas – participantes fortes num mercado limitado normativamente por regulações de preços e por disposições legais. Se quisermos utilizar um termo surgido muito mais tarde, tratava-se predominantemente de esforços para criar as condições prévias para uma liberdade entendida como liberdade social na esfera económica através das mais diversas medidas de «mercado económico socialista»([95]). Vistos hoje, estes esforços podem parecer-nos de alguma forma ingénuos, tendo em conta a força e a dinâmica brutal com que os detentores do capital começaram já naquela altura a impor os seus interesses comerciais. Mas eles possuíam não só o charme de um início corajoso, como também a vantagem de uma atitude de «*learning by doing*». Ainda não era completamente claro para os envolvidos com que tipo de sistema económico estavam a

---

([95]) Sobre o debate cf., por exemplo: Wright (Org.), *Equal Shares*, *ibidem*.

lidar nas suas atividades político-intelectuais. Pelo contrário, apesar da sua crença ilimitada num progresso inevitável rumo ao socialismo, tinham de experimentar primeiro até onde chegava a resiliência moral do mercado. Esta abordagem na primeira fase do socialismo – que talvez ainda pudesse ser designada como «experimental» – só se alterou radicalmente com o aparecimento de Marx, pois o jovem exilado, ao contrário dos seus companheiros, defendeu desde cedo a opinião de que o mercado, na forma que entretanto havia alcançado, representava um conjunto de relações sociais do qual não era possível isolar segmentos específicos de forma arbitrária, segundo critérios baseados em convicções morais. Marx – de longe o economista mais dotado entre os primeiros socialistas – considera como elementos essenciais desta nova formação social, para além das relações de troca, regidas pela lei da oferta e da procura, o facto de, por um lado, o capital privado dispor dos meios de produção e, por outro lado, o proletariado, criador de valor, não ter qualquer acesso à propriedade. Estes três elementos em conjunto constituem, na sua opinião, uma unidade inseparável, uma «totalidade» no sentido de Hegel, que Marx começa a designar logo nos seus primeiros escritos com o conceito de «capitalismo». A possibilidade de, afinal, o mercado capitalista não constituir uma unidade rígida, mas sim uma estrutura de instituições mutável, que se encontra em transformação constante e cuja reformabilidade deveria ser ainda testada através de experiências repetidas não aparece senão esporadicamente nos trabalhos de Marx([96]).

([96]) A «Mensagem Inaugural da Associação Internacional dos Trabalhadores», onde Marx fala de uma luta entre a «política económica da classe média» e da «classe trabalhadora» pelo modo de produção adequado constitui uma grande exceção na sua obra, que na maior parte de vezes apenas fala do «capitalismo» como uma «cápsula de bronze» (Max Weber). Neste contexto, Marx designa o «movimento cooperativo» ou as «fábricas cooperativas» como «grandes experiências», como se quisesse admitir que a tarefa de «controlo

No entanto, Marx, graças à sua manobra conceptual, derivada do pensamento totalitário de Hegel, identificou tão fortemente as diversas formas do mercado com o capitalismo que, após a sua morte, durante tempo, foi impossível pensar a forma económica socialista e alternativa dentro do movimento senão como uma economia com total ausência de mercado. E como, por sua vez, parecia que o único modelo disponível para tal seria o de economia planeada centralmente, existia até uma pressão para imaginar as relações internas da nova ordem económica segundo o modelo de uma relação vertical de todos os agentes com uma instância superior, embora, segundo a intuição original, estivesse previsto as relações entre os produtores serem horizontais. Portanto, ainda que a análise marxista do capitalismo tenha sido muito útil para o movimento socialista, oferecendo-lhe uma teoria económica sistemática e fechada que haveria, a partir daí, de fazer concorrência à economia clássica, as características totalizantes da mesma foram-lhe prejudiciais em termos globais. Com a sua ideia de que o capitalismo constituiria um sistema social único, no qual o mercado tenderia para uma expansão permanente, devido ao seu próprio imperativo de valorização, Marx privou o socialismo de qualquer possibilidade de refletir sobre caminhos institucionais de socialização da economia que fossem para além de uma economia planeada centralmente.

É verdade que o mercado capitalista volta a oferecer atualmente uma imagem que parece corresponder exatamente a todas as tendências de evolução previstas por Marx. Não só o velho proletariado industrial e o novo proletariado de serviços estão

---

social da produção por inspeção e previsão» (!) constituísse um ensaio experimental do mercado (capitalista): cf. Karl Marx, «Inauguraladresse der Internationalen Arbeiter-Assoziation», em: Karl Marx/Friedrich Engels, *Werke (MEW)*, Vol. 16, Berlin 1968, p. 5-13, em especial p. 11s; sobre a crítica da conceção de capitalismo enquanto um sistema que funciona segundo as suas próprias leis, de acordo com Marx, cf. Honneth, «Die Moral im "Kapital". Versuch einer Korrektur der Marxschen Ökonomiekritik», *ibidem*.

privados de qualquer perspetiva de emprego de longo prazo, em relações laborais com proteção social, e o rendimento financeiro do capital é mais alto do que alguma vez foi no passado, de forma que a diferença de rendimentos entre os poucos ricos e a grande massa aumentou enormemente, como, além disso, aumenta cada vez mais o número de setores públicos sujeitos ao princípio da rentabilidade económica, pelo que o prognóstico marxista de uma «verdadeira submissão» de todos os domínios da vida ao capital parece estar a tornar-se cada vez mais real[97]. Contudo, nem a situação foi sempre assim na história da sociedade de mercado capitalista, nem terá de permanecer uma inevitabilidade histórica. Por conseguinte, a tarefa mais importante para um reavivar da tradição socialista consiste em voltar a anular a equiparação entre economia de mercado e capitalismo, levada a cabo por Marx, de modo a ganhar, assim, espaço de manobra para projetar formas alternativas de utilização do mercado. Se retomarmos a intuição original do socialismo, segundo a qual as promessas da Revolução Francesa deveriam ser cumpridas através da institucionalização da liberdade social na área económica, poderemos dispor de três modelos económicos para o empenho horizontal dos trabalhadores em prol uns dos outros e para a sua complementaridade: em primeiro lugar, temos o mercado idealizado por Adam Smith, para quem a lei de oferta e procura constituía o mecanismo de uma «*invisible hand*» através do qual os interesses económicos de cidadãos iguais e bem-intencionados se deveriam poder complementar reciprocamente[98]. Em segundo lugar, existe a visão venerável

---

[97] Cf. sobre a primeira tendência: Thomas Piketty, *O Capital no Século XXI*, Temas e Debates, 2014; sobre a segunda tendência: Wolfgang Streeck, *Tempo Comprado. A Crise Adiada do Capitalismo Democrático*, Actual Editora, 2013, sobretudo Cap. III.

[98] Adam Smith, *Der Wohlstand der Nationen* [original inglês: Londres 1789], Munique 1990; cf. sobre esta questão Lisa Herzog, *Inventing the Market: Smith, Hegel, and Political Thought*, Oxford 2013.

de uma «associação de produtores livres» que deverá significar manifestamente que os membros de uma comunidade capazes de trabalhar organizam e gerem autonomamente os seus assuntos económicos no quadro de um autocontrolo democrático, segundo os princípios da sociedade civil. Por fim, podemos imaginar o exercício de liberdade social no domínio da economia de tal forma que as cidadãs e os cidadãos, no âmbito de um processo político democrático, encarreguem um órgão estatal de conduzir e supervisionar o processo de reprodução económica em prol do bem-estar da sociedade [99]. Nenhum destes três modelos merece ser pura e simplesmente posto de lado no processo de revisão profunda do socialismo. Pelo contrário, uma vez que os três partilham a ideia elementar de entregar a alocação dos meios adequados para a satisfação das necessidades partilhadas por todos a atores que, havendo oportunidades iguais de participação, se podem entender como agindo em prol uns dos outros, estes modelos têm de começar por ser considerados como alternativas de igual peso ao mercado capitalista. É preciso não esquecer, naturalmente, neste contexto, que, inicialmente, Smith pretendia caracterizar o mercado como uma instituição económica na qual os sujeitos interessados no seu proveito próprio se encontram possuindo um sentimento benevolente em relação aos interesses justificados de todos os outros [100].
No entanto, se os três modelos podem ser considerados candidatos para a implementação institucional da intenção normativa de concretizar a liberdade social no âmbito da esfera económica, não poderá existir qualquer decisão apodíctica, isenta de verificação em relação aos mesmos. Pelo contrário, a renovação do socialismo tem de entregar a experiências práticas a decisão

---

[99] Sobre a distinção entre estes três modelos cf.: Erik Olin Wright, *Envisioning Real Utopias*, Londres 2010, Cap. 7.
[100] Herzog, *Inventing the Market, ibidem*; Samuel Fleischacker, *On Adam Smith's «Wealth of Nations». A Philosophical Companion*, Princeton 2004, Parte II.

acerca de qual dos três princípios de controlo – do mercado, da sociedade civil ou do Estado de direito democrático – se poderia revelar o mais adequado para concretizar a liberdade social na esfera económica. No entanto, antes de seguir o fio desta meada económica das minhas reflexões, tenho de começar por submeter um segundo pilar do socialismo clássico a uma profunda revisão, uma vez que a ideia de alargar o espaço de manobra da liberdade social no domínio da economia, procurando formas adequadas da sua implementação institucional através de experiências, é incompatível com a ideia defendida de Saint-Simon a Karl Marx, segundo a qual a história humana se desenrola sob a forma de um progresso inevitável.

John Dewey, tal como foi referido brevemente no Capítulo II, já se tinha oposto ao socialismo na sua forma tradicional, afirmando que este não era adequado para proceder a uma compreensão experimental de processos de mudança históricos. Dewey pensava que ao pressupor-se que a forma do nível seguinte da evolução histórica já estava definida, portanto, que à ordem social capitalista tem de se seguir, inevitavelmente, uma ordem social socialista, predeterminada, deixaria de existir qualquer necessidade de descobrir – através da exploração das potencialidades oferecidas pelo presente – que medidas seriam apropriadas para atingir as melhorias desejadas ([101]). Esta objeção não tem apenas uma função corretiva. Ela possui um caráter de princípio. Pretende chamar a atenção para o facto de o pressuposto da existência de inevitabilidade histórica ser, por princípio, incompatível com um método intelectual de ensaio experimental de espaços de manobra para alterações específicas, uma vez que as afirmações sobre as medidas a tomar para conseguir o progresso social são entendidas como resultado da perceção objetiva de leis históricas ou como resultado da exploração, orientada pela prática, de possibilidades de alcançar as

---

([101]) Cf. Dewey, *Liberalism and Social Action*, ibidem, p. 41-65.

mudanças pretendidas dependentes da situação. No entanto, esta compreensão experimental da história – segundo a qual o processo histórico proporciona novas potencialidades de melhoria a cada nível sucessivo, potencialidades essas que têm de ser exploradas – também exige uma orientação para sabermos o que pode ser considerado melhoria numa situação concreta. Uma determinada circunstância só poderá ser considerada uma «potencialidade» se antes for determinada, nem que seja vagamente, qual a sua utilidade.

John Dewey adota aqui uma ideia bastante especulativa, que lembra um pouco Hegel, mas que revela, surpreendentemente, tanta proximidade com a ideia socialista inicial de liberdade social que nos pode servir como uma primeira referência para uma solução do problema que aqui se coloca. De facto, segundo Dewey, a ideia de eliminação de barreiras que se opõem à comunicação livre dos membros da sociedade com o objetivo de encontrar uma solução inteligente para os problemas tem de ser entendida como um fio condutor normativo na procura experimental daquilo que deverá constituir a resposta mais abrangente a uma situação considerada problemática do ponto de vista social ([102]). Dewey chega ao pressuposto da superioridade normativa de uma forma cooperativa de lidar com a situação, que se concretiza na liberdade social, com base em reflexões que radicam profundamente na filosofia natural, revelando, portanto, algo sobre o tipo de força evolucionária na qual a revisão do socialismo se poderia apoiar, caso pretendesse compreender-se a si próprio como expressão não só de um dever moral, mas também de uma tendência histórica. O ponto de partida das amplas reflexões de Dewey é constituído

---

([102]) *Ibidem.* Cf. também John Dewey, «Die umfassende philosophische Idee», em: John Dewey, *Philosophie und Zivilisation*, Frankfurt/M. 2003, p. 70-93. (inglês: «The Inclusive Philosophic Idea» [1928], em: J. Dewey, *Later Works, ibidem,* Vol. 3, p. 41-54). Para os parágrafos que se seguem cf. também: John Dewey, *Erfahrung und Natur,* Frankfurt/M. 1995, Cap. 5.

pela tese segundo a qual o comportamento «associativo» ou «comunitário» representa uma característica essencial de tudo aquilo que existe, na medida em que só ocorre evolução quando se dá uma libertação e realização de potencialidades existentes, através de um contacto entre «coisas específicas» inicialmente isoladas: as possibilidades ainda não reveladas e, portanto, futuras contidas nos fenómenos só se concretizam quando começam a comunicar entre si. A tendência assim esboçada de toda a realidade para libertar as possibilidades não aproveitadas, através da «interação» entre os elementos, criando, assim, novas situações, encontra-se a todos os níveis da realidade, desde a física, passando pela orgânica, até à «mental». No entanto, para Dewey, o domínio social ocupa o nível supremo nesta estratificação da realidade, uma vez que, aqui, a riqueza e a subtileza da libertação de potencialidades são novamente reforçadas através de «formas de agrupamento especificamente humanas»([103]). De facto, a característica essencial interativa de toda a realidade assumiu a qualidade particular de uma comunicação que transmite sentido ao nível evolucionário do domínio social, de modo que apenas aquilo que podia ser antes libertado como potencialidade pode voltar a ser dotado de significados adicionais e, portanto, multiplicado. Porém, segundo Dewey, a este nível superior da realidade também se deve aplicar aquilo que tinha sido demonstrado aos níveis anteriores, isto é, as potencialidades existentes são tanto mais possíveis de libertação e realização, quanto mais livremente os diversos elementos puderem interagir entre si. Dewey acredita poder concluir daí que as possibilidades existentes no domínio da realidade das comunidades humanas só podem ser plenamente realizadas se todos os seus membros puderem participar, se possível sem entraves e sem pressões, na comunicação que transmite sentido e que é característica destas comunidades.

([103]) Dewey, «Die umfassende philosophische Idee», *ibidem*, p. 81.

No entanto, o facto de esta característica essencial do «social», isto é, a comunicação tão ilimitada quanto possível dos membros da sociedade entre si, constituir realmente uma «força» dentro da realidade social, dando, assim, origem a uma tendência histórica na mesma, deve-se, segundo a convicção de Dewey, a uma outra circunstância independente. Todos os grupos excluídos até agora da interação devem, na sua opinião, desenvolver, com o tempo, um interesse elementar na inclusão nos processos de comunicação na sociedade, uma vez que o isolamento e a separação acarretariam sempre o perigo de perda de liberdade interna, de paralisação da prosperidade e do crescimento sem constrangimentos. Neste sentido, segundo Dewey, é o protesto periódico de grupos sociais contra a sua exclusão da interação global que, na história humana, garante que a estrutura de comunicação ilimitada na qual se baseia todo o social se torne progressivamente realidade dentro do mundo da vida social [104]. Se voltarmos à questão daquilo que, na procura experimental de soluções apropriadas para situações tidas geralmente como problemáticas pode ser considerado um fio condutor para melhorias, verificaremos que a resposta de Dewey a esta questão tem um caráter sobretudo metódico: depois de tudo aquilo que foi dito, Dewey parece querer afirmar que as experiências histórico-sociais conduzem a soluções tanto melhores e tanto mais estáveis, quanto mais os afetados pelo problema em causa forem envolvidos na procura das mesmas. De facto, a eliminação progressiva dos limites à comunicação conduz igualmente a comunidade em causa a aumentar a sua capacidade de se aperceber do máximo de potencialidades possíveis, atualmente não aproveitadas, que seriam apropriadas para uma solução

---

[104] Dewey, *Lectures in China, 1919-20, ibidem*, p. 64-71. Devo a Arvi Särkelä a chamada de atenção para a particularidade desta abordagem de Dewey. Cf. sobre esta questão também o seu artigo «Ein Drama in drei Akten. Der Kampf um öffentliche Anerkennung nach Dewey und Hegel», em: *Deutsche Zeitschrift für Philosophie*, 61 (2013), p. 681-696.

produtiva das dificuldades surgidas. Se quisermos ilustrar esta ideia metódica traduzindo-a de forma breve para a linguagem da filosofia hegeliana do espírito objetivo, diríamos que o único critério para podermos medir os avanços na esfera social reside em saber se as mudanças em curso libertam os seus portadores – sujeitos relacionados entre si – das dependências que lhes foram impostas até à data e de determinações exteriores não desejadas pelos mesmos. Se uma mudança social da constituição institucional de uma sociedade cumprir a condição esboçada, portanto, se conduzir a uma emancipação das limitações que antes tinham impedido a participação igualitária de todos na autoconstituição social, então, segundo Hegel, esta mudança pode ser considerada uma fase no processo de concretização global da liberdade[105]. Portanto, poderia dizer-se que Hegel também entendeu que as «melhorias» dentro da esfera do social resultam de passos de superação das barreiras que impedem uma comunicação livre dos membros entre si, com o objetivo de explorar e determinar tão razoavelmente quanto possível as regras da sua convivência. Estas reflexões aparentemente longínquas permitem-nos ganhar mais do que pode parecer à primeira vista no que diz respeito ao nosso problema, que consiste em querer substituir na autocompreensão histórica do socialismo a fé nas leis, predominante até agora, por um experimentalismo histórico. De facto, a ideia, defendida tanto por Dewey, como por Hegel, de que só o ponto de vista superior de libertação de entraves à comunicação e de dependências que impedem

---

[105] John Dewey apercebeu-se claramente desta afinidade entre a sua conceção de uma força de libertação de barreiras à comunicação ativa dentro do «social» e a ideia hegeliana da história como o progresso na consciência da liberdade: John Dewey, «Lecture on Hegel» [1897], em: John R. Shock/ James A. Good, *John Dewey's Philosophy of Spirit*, Nova Iorque 2010. Sobre a interpretação hegeliana da filosofia da história no sentido aqui esboçado cf. também a excelente interpretação de Rahel Jaeggi em *Kritik von Lebensformen*, Berlim 2013, p. 423ss.

a interação pode funcionar como critério para as melhorias sociais oferece-nos um instrumento teórico que permite tornar compreensível a ideia de liberdade social simultaneamente como um fundamento histórico e como o fio condutor de um socialismo que se compreende a si mesmo como experimental([106]).

Para podermos tornar plausível esta ideia que parece, à partida, um pouco estranha, precisamos de voltar a lembrar-nos brevemente da compreensão da história da fase inicial do socialismo. Vimos que, segundo esta compreensão, a própria teoria, virada, na prática, para o futuro, foi encarada como uma tomada de consciência do progresso inevitável das forças produtivas humanas ou do estado atual da luta igualmente inevitável de classes. Em ambos os casos, o proletariado, ao qual foi simplesmente atribuído um interesse objetivo nas referidas mudanças, foi considerado o representante social desta compreensão de uma passagem, agora necessária, para uma ordem social superior do ponto de vista histórico. Porém, depois de as duas certezas de fundo – a de um progresso inevitável e a de um proletariado revolucionário – terem entrado em colapso, revelando-se mesmo como ficções científicas da época da revolução industrial, o socialismo ficou inevitavelmente em risco de não poder contar mais com nenhuma tendência histórica propulsiva, capaz de conferir uma base social às suas exigências normativas. No entanto, assim, o socialismo correu e corre até hoje o risco de se transformar numa teoria da justiça puramente normativa entre muitas outras cujas exigências podem ser compreendidas como um apelo a algo que deveria ser, mas não como expressão de algo que já é, de alguma forma, desejado ([107]). Para escapar a

---

([106]) Sobre a lógica de um experimentalismo histórico deste tipo cf. também: *ibidem*, Cap. 10.1.

([107]) É aqui que já reside, se não me engano, toda a diferença entre a conceção teórica da justiça que John Rawls desenvolveu com uma clareza e prudência admirável nas suas diversas formulações, ao longo dos anos: enquanto este estava convencido de que a tarefa atual de uma conceção política da

esta situação melindrosa, que significaria, no fundo, o declínio do socialismo enquanto teoria que se entende a si própria como expressão de uma tendência histórica, é necessário procurar uma forma alternativa de ancoragem histórica. Aqueles partidários do socialismo que acreditam poder prescindir desta busca, considerando-a uma especulação desnecessária, já admitiram, na prática, que, no futuro, a nossa autocompreensão político--moral não precisa de qualquer visão socialista. Porém, no que diz respeito a uma alternativa, parece-me que a ideia de John Dewey (e Hegel) esboçada nas páginas anteriores oferece a melhor possibilidade para o socialismo poder voltar a assegurar para si uma força, a um nível superior de abstração, que suporte as suas próprias exigências ao nível do processo histórico. Este pensamento baseia-se na presunção de que a ideia, desenvolvida por Dewey, de um movimento de remoção das restrições à comunicação e à interação social que atravessa a história humana se assemelha bastante à conceção que os primeiros socialistas consideravam poder aplicar à esfera económica. É que o objetivo perseguido por estes de eliminar o bloqueio à igual concretização de todos os três princípios da Revolução Francesa, criando condições de liberdade social no domínio da

---

justiça tem de consistir em chamar a atenção dos membros das sociedades democráticas – através da concretização de ideias normativas já aceites – para os princípios de justiça que devem ser aprovados pelos mesmos, conciliando--os com as instituições já existentes (John Rawls, *Gerechtigkeit als Fairneß. Ein Neuentwurf*, Frankfurt/M. 2003, p. 19-24), o socialismo, pelo contrário, consciente das tendências que o suportam historicamente, pretende chamar a atenção para as promessas não cumpridas na ordem social existente, cuja concretização exigiria a transformação da realidade institucional. Portanto, as diferenças não residem apenas no ponto de referência ético pressuposto – para Rawls, a autonomia individual, para o socialismo, a liberdade social –, mas também na perspetiva prático-política necessária: Rawls entende-a como uma perspetiva de conciliação moral, enquanto o socialismo, pelo contrário, entende-a, inevitavelmente, na perspetiva de uma superação permanente.

atividade económica, não significa senão procurar a solução para a superação do antagonismo surgido e considerado um obstáculo normativo entre a liberdade individual e a solidariedade numa ampliação da eliminação das restrições à comunicação na sociedade. Nenhum outro dos primeiros socialistas estava tão convicto de que o próprio movimento deveria representar a tentativa de aprofundar o princípio de eliminação de barreiras sociais à comunicação – um princípio determinante para toda a história – como Proudhon, sob influência de Hegel. Numa passagem da sua obra, Proudhon, já correspondendo plenamente à ideia de Dewey, afirma que a tendência para expressar reciprocidades de uma maneira cada vez abrangente e, portanto, sem restrições deve ser entendida como a força de toda a evolução social, senão mesmo do crescimento de todo o ser vivo ([108]).

Se o socialismo se basear numa autocompreensão histórica deste tipo, deixará de poder ser considerado a consciência articulada de mudanças sociais que têm de ser concretizadas como consequência inevitável do potencial de desenvolvimento de uma força produtiva entretanto muito avançada e inexequível do ponto de vista social. Também não poderá ser entendido – como aconteceu por vezes com Marx – como um órgão reflexivo do estado mais avançado da luta de classes, se por estas se entender uma sequência de conflitos, que se sucedem inevitavelmente, entre coletivos com interesses aparentemente imutáveis. Pelo contrário, o socialismo tem de ser encarado como a articulação moderna e específica do facto de, no processo histórico, existirem grupos sempre novos, que mudam conforme as circunstâncias sociais e que se esforçam para que as suas próprias reivindicações, não atendidas até ao momento, sejam ouvidas em público, procurando derrubar as barreiras na comunicação e, por conseguinte, alargando os espaços de manobra da liberdade

---

([108]) Pierre-Joseph Proudhon, *Solution of the Social Problem*, aqui citado segundo: Cole, *Socialist Thought, ibidem*, p. 217.

social. Este tipo de «luta» perpassa certamente toda a história humana, mantendo-se até hoje, uma vez que, na sequência do alargamento da mobilidade social e do aumento das redes políticas, a experiência dos coletivos com composição em constante mudança sempre foi a de não verem os seus interesses refletidos na organização social, nas «relações de produção». A única possibilidade de que estes grupos dispuseram em cada um destes casos para conquistar o reconhecimento público das suas reivindicações consistiu em forçar, invocando normas já implicitamente aceites, o direito de codecisão na definição de normas sociais, e conseguindo, assim, eliminar mais restrições à comunicação na sociedade. Se o socialismo olhar para si próprio retrospetivamente, colocando-se num processo de luta por este tipo de reconhecimento, tem de compreender o seu próprio surgimento como o momento no qual a ordem social moderna, certificada normativamente pela Revolução Francesa, tomou consciência de que os interesses legítimos da população trabalhadora só poderiam ser satisfeitos através do derrube das barreiras à comunicação na esfera económica. Na hora de nascimento do movimento, a organização de capitalismo do mercado revelou-se como a única instituição social que se empenhou em impedir que todas as camadas da população beneficiassem igualmente da superação das dependências existentes até à data e das heteronomias pouco transparentes. No entanto, se o socialismo se tivesse ligado a esse momento, não poderia, obviamente, ter-se fixado no mesmo, caso quisesse realmente entender-se como a instância reflexiva que, na ordem recém-nascida, moderna, tornava consciente aquela força da comunicação na sociedade que perpassa a história humana. Nas condições da Modernidade, os grupos cuja composição mudava constantemente foram sempre confrontados com barreiras novas que os impediram de beneficiar das promessas institucionalizadas de liberdade, igualdade e fraternidade, pelo que o socialismo deveria ter acompanhado os conflitos daí resultantes, para se oferecer constantemente aos afetados como defensor dos seus interesses legítimos de inclusão na comunicação na sociedade. O direito ao «social», já incluído na própria designação do socialismo, representa, nas sociedades modernas, o desejo generalizado de eliminar todos os obstáculos sociais que poderiam impedir a prática da liberdade numa ação recíproca de solidariedade. Enquanto este objetivo normativo – que é mais do que apenas a exigência de um «dever», uma vez que exprime o princípio estrutural determinante de toda a esfera social ([109]) – não for alcançado, o socialismo entendido desta forma não perderá a sua razão de ser. Ele é o guardião das reivindicações sociais numa sociedade na qual uma interpretação unilateral dos princípios de legitimação fundamentais permite impor constantemente apenas interesses privados, sob o manto da liberdade social, violando, assim, a promessa normativa da solidariedade.

Antes de tentar tirar, no capítulo seguinte, as consequências desta conceção alargada de socialismo também para a sua ideia original de liberdade social, gostaria de retomar o fio da minha argumentação no ponto onde o deixei antes de introduzir o valor histórico do «social». Já vimos que após o desaparecimento da fé original do socialismo nas leis deixou de lhe ser possível ver de antemão como é que as liberdades sociais podem ser concretizadas mais facilmente e da melhor forma dentro da esfera económica. Pelo contrário, a procura tem de passar por processo experimental de exploração permanente das mais variadas ideias que tenham, antes de mais, a capacidade de demonstrar como a criação de valor económico

---

([109]) Sobre esta questão cf. a famosa afirmação de Dewey, adaptada, no entanto, aqui à ideia de democracia: «Enquanto ideia, a democracia não é uma alternativa a outros princípios de vida associativa. Ela é um ideal no único sentido compreensível de um ideal, isto é, a tendência e o movimento de uma coisa existente levada até ao seu limite extremo, e considerado como algo concretizado e perfeito.» (John Dewey, *Die Öffentlichkeit und ihre Probleme*, Bodenheim 1996, p. 129).

poderia ser organizada, não na forma de um mercado baseado nos princípios do capitalismo privado, mas recorrendo a mecanismos institucionais de ação cooperativa. Nada neste processo de procura exclui categoricamente que, na sequência dos conhecimentos entretanto adquiridos, se possa revelar aconselhável ponderar modelos de atividade económica diferentes, em função do tipo da satisfação económica das necessidades, portanto, contar com a possibilidade de sistemas económicos mistos nos procedimentos de ensaio. O que tem de se manter decisivo neste ensaio experimental de diversas combinações é a ideia de permitir que, dentro da esfera económica, o «social» seja tão forte quanto possível, de forma que todos os envolvidos possam satisfazer mutuamente as suas necessidades em atividades complementares, sem impedimentos resultantes de influências ou de constrangimentos.

No entanto, para um socialismo deste tipo tem de ser claro que só pode esperar apoio para experiências desta natureza na medida em que for possível demonstrar de forma convincente que os traços fundamentais do sistema económico capitalista ainda podem ser alterados, se não mesmo eliminados. Por conseguinte, o inimigo natural do socialismo – tal como nos tempos de Marx – continua a ser a teoria económica oficial, difundida nas cátedras académicas, que se esforça há duzentos anos por justificar o mercado capitalista como o único meio eficaz de coordenação da atividade económica nas situações de crescimento populacional e do correspondente aumento da procura. Uma das tarefas mais prementes do socialismo na atualidade consiste em voltar a purificar o conceito de mercado de todas as impurezas das propriedades próprias do capitalismo, que lhe foram acrescentadas posteriormente, a fim de poder testar a sua resiliência moral[110]. Este empreendimento, já iniciado por autores como

---

[110] A premissa desta tarefa permanente do socialismo é a mesma que conduziu Marx e que consiste em pensar a economia capitalista tal como ela

Karl Polanyi, Amitai Etzioni e Albert Hirschman([111]), tem de começar por distinguir entre diversos mercados, com base nos bens trocados nos mesmos, e por verificar se os mesmos são igualmente apropriados para uma fixação anónima de preços através da oferta e da procura, quando isto afeta necessidades vitais de importância altamente desigual. No entanto, a desconstrução da ideologia do mercado dominante não se pode ficar por este primeiro passo, uma vez que tal como não pode ser considerado como certo que a simples posse de meios de produção deverá justificar um direito aos rendimentos de capital obtidos graças aos mesmos, assim também o crescimento exponencial destes rendimentos não pode ter justificação suficiente no desempenho correspondente. Faz sentido retomar aqui os trabalhos de Friedrich Kambartel, que empreendeu já há vários anos esforços conceptuais para provar a incompatibilidade das bases de legitimação do mercado com a existência de rendimentos de capital e de lucros especulativos([112]). Análises filosóficas deste tipo sobre o arsenal conceptual da teoria económica oficial permitem descobrir a falta de precisão com que a mesma utiliza a

---

já é transmitida ou coproduzida pela terminologia teórica da ciência predominante, de modo que o questionamento da realidade só é possível passando pela crítica da mesma (cf. sobre esta questão: Michael Theunissen, «Möglichkeiten des Philosophierens heute», em: M. Theunissen, *Negative Theologie der Zeit*; Frankfurt/M. 1991, p. 13-36, sobretudo p. 21ss). No entanto, ao contrário de Marx, acredito que o objeto desta crítica necessária da teoria económica hegemónica não deve ser o próprio conceito de «mercado», mas sim a sua fusão interna com propriedades capitalistas.

([111]) Karl Polanyi, *The Great Transformation. Politische und ökonomische Ursprünge von Gesellschaften und Wirtschaftssystemen*, Frankfurt/M. 1973; Amitai Etzioni, *The Moral Dimension. Towards a New Economy*, Nova Iorque 1988; Albert O. Hirschman, *Entwicklung, Markt, Moral. Abweichende Bemerkungen*, Munique/Viena 1989. Sobre a importância de Etzioni e Hirschman neste contexto cf. Axel Honneth, *Vivisektionen eines Zeitalters. Porträts zur Ideengeschichte des 20. Jahrhunderts*, Berlim 2014, Cap. 7 e 8.

([112]) Friedrich Kambartel, *Philosophie und Politische Ökonomie*, Göttingen 1998, sobretudo p. 11-40.

categoria da eficácia económica para a justificação decisiva dos mercados capitalistas. Ao fazê-lo, equipara-se subrepticiamente uma linguagem puramente quantitativa sobre a valorização tão elevada quanto possível dos rendimentos do capital com uma compreensão qualitativa da produtividade, que perspetiva o aumento do bem-estar de toda a sociedade[113]. Estas desconstruções da teoria económica dominante têm todas em comum a tentativa de destruir a impressão profundamente enraizada de que o funcionamento dos mercados dependeria da propriedade privada hereditária dos meios de produção e que, por conseguinte, estes só poderiam ser bem-sucedidos sob a forma capitalista. Se levarmos esta desmistificação suficientemente longe, haverá uma série de outras propriedades do mercado que poderão revelar-se como simples acréscimos artificiais, levados a cabo por partes interessadas, para o legitimar na sua forma atual: por exemplo, por que razão haverá o mercado laboral de se entender, como se fosse algo óbvio, como um sistema de incentivos, se não é de maneira alguma claro do ponto de vista psicológico que a perspetiva de um crescimento dos rendimentos motiva realmente desempenhos mais elevados[114], ou por que razão deveriam ser admissíveis no mercado financeiro lucros especulativos provenientes de operações cambiais que não trazem manifestamente qualquer proveito para a economia real e, portanto, para o bem comum?

Fazer estas perguntas constitui uma obrigação indispensável para um socialismo que, dadas as alterações à sua autocompreensão, já não pode ter a certeza de como concretizar da melhor maneira o seu objetivo normativo de criação de liberdade social na esfera económica. Os diferentes componentes da instituição do mercado, que, de si, não constituem uma unidade firme e

---

[113] *Ibidem*, p. 25.
[114] Cf. John Roemer, «Ideologie, sozialer Ethos und die Finanzkrise», em: Herzog/Honneth (Org.), *Der Wert des Marktes, ibidem*, p. 609-622.

inseparável, têm de ser decompostos de tal maneira que volte a ser possível verificar de raiz, em que medida este mercado é apropriado para formas cooperativas de coordenação da atividade económica em situações de necessidade mais complexas. Esta análise não deverá excluir nenhum aspeto por este ser, alegadamente, evidente, pelo que deverá ser possível o questionamento teórico do direito sucessório ou da possibilidade de uma comunidade da responsabilidade dos produtores[115].

No entanto, estes exercícios intelectuais só podem ser úteis a um socialismo revisto na medida em que for possível entendê-los realmente como testes específicos para explorar possibilidades de expansão da liberdade social na esfera económica. Embora, por razões de princípio, seja necessário prescindir de qualquer certeza no que diz respeito à condição final de uma economia socialista, esta renúncia não deve chegar ao ponto de desfocar completamente os contornos do objetivo visado, do «end in view», como diria John Dewey[116]. Por conseguinte, a simulação

---

[115] Sobre a problemática do direito sucessório cf.: Jens Beckert, *Unverdientes Vermögen. Zur Soziologie des Erbrechts*, Frankfurt/M., Nova Iorque 2004; J. Beckert, «Erbschaft und Leistungsprinzip», em: J. Beckert, *Erben in der Leistungsgesellschaft*, Frankfurt/M., Nova Iorque 2013, p. 41-64; sobre a ideia de uma comunidade da responsabilidade dos produtores: Kambartel, *Philosophie und Politische Ökonomie, ibidem*, p. 32ss.

[116] Com a ideia de um «*end in view*» Dewey queria dizer que os objetivos finais não deveriam ser entendidos como objetivos fixos, mas sim como grandezas ajustadas permanentemente às experiências entretanto feitas: «O objetivo é então um objetivo pretendido [*end in view*, A.H.] e é permanentemente posto em movimento, de forma cada vez mais complexa, em cada fase do seu avanço. Já não se trata de um ponto final, exterior às condições que conduziram ao mesmo; trata-se do significado contínuo, em desenvolvimento, das tendências atuais – precisamente aquilo a que chamamos "meio" quando se aponta numa direção. O processo é arte e o seu produto, independentemente do nível em que é contemplado, é uma obra de arte» (Dewey, *Erfahrung und Natur, ibidem*, p. 351). Se o socialismo já se tivesse apropriado antes desta nova compreensão de fim e de meio, teria sido poupado a muitas das desgraças que resultaram do discurso sobre o «objetivo final».

experimental de modelos institucionais deve encarar como valiosas e úteis todas as propostas que se consideram de alguma maneira comprometidas com o objetivo normativo de emancipar as pessoas economicamente ativas da coerção, tutela e dependência de tal forma que as mesmas fiquem em posição de entender o seu papel específico como um contributo voluntário para a tarefa de satisfação equitativa das necessidades de todos os membros da sociedade, só possível numa ação baseada na reciprocidade. A questão decisiva no prosseguimento deste objetivo imediato continua a ser – tal como há cem anos, quando houve um debate aceso sobre a desejabilidade e exequibilidade de uma «nacionalização» ou «socialização» da propriedade privada dos meios de produção ([117]) – a de saber se seria possível chegar a uma emancipação progressiva dos trabalhadores até agora dependentes apenas através da sua associação a uma expropriação jurídica da propriedade privada do capital ou da manutenção das formas de propriedade existentes, portanto, através de uma marginalização deliberada do poder de controlo privado. Entretanto, existe uma série de modelos ensaiados no plano intelectual para ambas as alternativas: conceções de socialismo de mercado, por um lado, e de uma «socialização» do mercado, através da introdução de um rendimento básico garantido e de instâncias de controlo democráticas, por outro ([118]).

([117]) Podemos encontrar um resumo claro sobre as frentes em debate naquela época em: Karl Polanyi, «Die funtionelle Theorie der Gesellschaft und das Problem der sozialistischen Rechnungslegung (Eine Erwiderung an Professor Mises und Dr. Felix Weil)», em: K. Polanyi, *Ökonomie und Gesellschaft*, Frankfurt/M. 1979, p. 81-90. (Este ensaio foi-me indicado por Christoph Deutschmann.)

([118]) Sobre estas alternativas cf. por um lado: Michael Nance, «Honneth's Democratic *Sittlichkeit* and Market Socialism», manuscrito não publicado (2014); John Roemer, *A Future for Socialism*, Cambridge/Mass. 1994; e, por outro lado: Diane Elson, «Markt-Sozialismus oder Sozialisierung des Marktes», em: *Prokla*, 20 (1990), 78, p. 60-106. A diferença entre os dois tipos de sistema económico pós-capitalista que sugiro com estas alternativas corresponde

No entanto, tal como foi dito, a distinção entre estas não se pode reduzir a um conjunto de ponderações teóricas. Pelo contrário, é necessária uma conquista permanente e árdua de espaços de liberdade e de nichos sociais que permitam testar, em condições reais e respeitando o princípio de preservação das práticas já comprovadas (o princípio da «*minimum mutilation*»[119])), que modelos alternativos nos aproximam mais do objetivo imediato que se pretende atingir.

De acordo com a lógica do experimentalismo histórico, as novas articulações e os nossos projetos elaborados inicialmente apenas num plano intelectual têm tanto mais peso para a orientação prático-política quanto mais frequentemente puderem ser sujeitos a um teste nas condições da economia real. Portanto, o socialismo revisto tem, por um lado, de dispor de um arquivo interno de todas as tentativas de socialização da esfera económica realizadas no passado, para obter, assim, uma espécie de «apoio da memória» das experiências que já foram feitas com as suas vantagem e desvantagem[120]. O espetro de testemunhos históricos que deveriam ser guardados neste arquivo teria de

---

aproximadamente à distinção que John Rawls estabelece entre «democracias com posse de propriedade» («*property-owning democracy*») e «socialismo liberal» (Rawls, *Gerechtigkeit als Fairneß*, ibidem, p. 215-218). Podemos encontrar um resumo em Jon Elster e Karl Ove Moene (Org.): *Alternatives to Capitalism*, Cambridge 1989.

[119] Sobre este princípio cf. o estudo extremamente útil de Michael Festl, *Gerechtigkeit als historischer Experimentalismus. Gerechtigkeitstheorie nach der pragmatischen Wende der Erkenntnistheorie*, Constança 2015, p. 407-409. Este princípio oferece pistas importantes para a questão, extremamente difícil, que Andrea Esser me colocou num debate, isto é, de saber como experiências socialistas do passado podem ser, sequer, falsificadas face às condições contextuais atuais, em transformação histórica: as experiências cuja consequência foi a violação de práticas comprovadas da formação da vontade segundo as regras do Estado de direito têm de ser consideradas um fracasso.

[120] Para esta tarefa de uma «enciclopédia de casos passados» no contexto de um experimentalismo histórico cf. mais uma vez o estudo de Michael Festl: *ibidem*, p. 402-423.

abranger desde documentos sobre as primeiras experiências com cooperativas de produção e de consumo, passando por um registo tão completo quanto possível do amplo «debate sobre a socialização» após a Primeira Guerra Mundial e das tentativas, empreendidas à altura em Viena e noutras cidades, de construção socialista de habitações, até aos relatos sobre os esforços sindicalistas com vista à «humanização do trabalho» – quanto mais documentos históricos fossem reunidos num arquivo deste tipo, tanto mais abrangente seria o conhecimento sobre os empreendimentos que já se tinham revelado no passado como becos sem saída e aqueles que, no futuro, poderiam revelar-se como caminhos promissores para a transformação social do mercado([121]). Mas como isto não é suficiente, é óbvio que um socialismo revisto desta forma, um socialismo que se entende em termos experimentais, também é obrigado permanentemente a manter uma visão geral dos ensaios de formas alternativas da economia concretizados atualmente. Talvez fosse até mais apropriado dizer que o socialismo revisto teria de se tornar o defensor moral destas iniciativas político-práticas sempre que exista de facto a perspetiva fundamentada de estas permitirem testar a possibilidade de alargamento da liberdade social dentro do setor económico. Existem mais práticas económicas na realidade social do que pode parecer à primeira vista e que já são suscetíveis de cumprir os requisitos que têm de ser aplicados a tais experiências em condições reais. Tal como Erik Olin Wright demonstrou de forma convincente no seu livro *Envisioning Real*

([121]) O facto de não existir hoje praticamente nenhuma boa edição destes documentos revela a gravidade da situação atual no que diz respeito ao projeto socialista. É possível observar muitíssimo bem as conjunturas do movimento na variedade de obras existentes no mercado livreiro: enquanto há quarenta ou cinquenta anos ainda existia uma boa coleção de textos sobre o «socialismo e o anarquismo» na editora Rowohlt, com os testemunhos mais importantes do passado, esta desapareceu há muito da lista de publicações disponíveis.

Utopias([122]), é possível encontrar hoje uma série de iniciativas de política económica – desde as cooperativas, na cidade basca de Mondragón, até ao fundo solidário dos trabalhadores, no Canadá – comprometidas com o espírito de um socialismo que se entende como experimental. Estas reflexões revelam claramente que já é há muito tempo errado ver no socialismo apenas a expressão intelectual dos interesses dos trabalhadores da indústria ou até o porta-voz de um proletariado desde sempre revolucionário. Esta ideia de uma ligação fixa da teoria a um único grupo resultou, no início do movimento, da alegada atribuição de interesses objetivos e foi reconhecidamente refutada desde então, tanto pela mudança estrutural das relações de emprego, como pela dissolução do movimento operário. Seria incorreto lamentar nostalgicamente o seu desaparecimento e esforçar-se desesperadamente pela sua reanimação artificial, porque também a questão inevitável do suporte social de um socialismo revisto tem de ser respondida de forma radicalmente diferente, isto é, a um nível superior de abstração. Se este socialismo se entender como algo envolvido num processo histórico geral de libertação de dependências e barreiras que impedem a comunicação, processo esse que aquele procura levar por diante nas condições avançadas das sociedades modernas, então não deve entender como encarnação da sua própria ideia fundamental apenas o movimento social no qual o desejo desta emancipação se articula de forma mais forte e mais clara em dado momento da história. A fixação em movimentos deste tipo, portanto, em organizações de contestação de grupos específicos, programadas para durar um tempo determinado, não só implica a desvantagem de poder representar apenas uma pequena parte do vasto fluxo de experiências que podem ser interpretadas como sendo de subordinação e de exclusão social. A ideia de «representação» de interesses já articulados com a

---

([122]) Wright, *Envisioning Real Utopias*, ibidem, sobretudo Cap. 7.

qual o socialismo compromete-se quando se compreende a si próprio como órgão de um movimento social também contraria a sua intenção de querer tornar-se porta-voz de interesses ainda não articulados de numerosos outros grupos e pessoas[123]. A ambivalência da própria ideia de ter de procurar um suporte coletivo da própria teoria torna-se ainda mais óbvia quando nos apercebemos de que os movimentos sociais devem a sua existência a conjunturas pouco claras, dependentes de circunstâncias contingentes. Estes movimentos aparecem e desaparecem ao sabor do tempo e, entretanto, também na sequência da atenção mediática que recebem, sem que tal revele algo sobre a verdadeira dimensão da existência de uma heteronomia e dependência humilhante na esfera económica – o novo proletariado do setor dos serviços, por exemplo, dada a situação laboral de isolamento dos seus membros e a sua exclusão de todas as formas de criação da opinião pública, não está em posição de articular em conjunto os seus próprios interesses, não encontrando, por isso, um defensor político em nenhum movimento social, e, contudo, tem de ser considerado pelo socialismo como um destinatário importante dos seus objetivos normativos[124].

Tudo isto aconselha a colocar de modo completamente novo a questão do suporte social dos ideais socialistas, da encarnação social dos mesmos na situação atual. Depois de Hegel ter identificado as personalidades da história mundial com representantes da tomada de consciência do novo no antigo e de o socialismo de tendência marxista ter feito o mesmo com o proletariado, o socialismo atual não pode querer fazer o mesmo ao nível concreto das subjetividades individuais ou coletivas, pois tal

---

[123] Cf. novamente Festl, *Gerechtigkeit als historischer Experimentalismus*, *ibidem*, p. 387ss.

[124] Sobre a situação atual do proletariado do setor dos serviços cf. dois estudos notáveis: Friederike Bahl, *Lebensmodelle in der Dienstleistungsgesellschaft*, Hamburgo 2014, e Philipp Staab, *Macht und Herrschaft in der Servicewelt*, Hamburgo 2014.

atribuiria um peso demasiado grande àquilo que é passageiro e contingente nas mudanças que se sucedem a um ritmo cada vez mais rápido. Em vez disso, seria muito mais aconselhável localizar a emergência do futuro onde os vestígios do progresso esperado no alargamento das liberdades sociais já se traduziram em conquistas institucionais, em alterações à legislação e em mudanças de mentalidade dificilmente reversíveis. Para o socialismo atual, estes avanços – aprovados publicamente – na emancipação de dependências aceites até agora, portanto, todos os acontecimentos históricos que Kant quis interpretar como «sinais históricos» ([125]), devem constituir muito mais como garantias da exequibilidade das suas esperanças do que as numerosas manifestações dos movimentos sociais. Portanto, não são as subjetividades que protestam, mas sim as melhorias objetivas, não são os movimentos coletivos, mas sim as conquistas institucionais que devem ser encaradas como suportes sociais das reivindicações normativas que o socialismo procura inscrever nas sociedades modernas. Ele tem de conseguir descobrir nos progressos que se tornaram uma realidade social os contornos de um processo evolutivo que comprova que as suas próprias visões continuam a ser exequíveis no futuro.

Esta mudança de perspetiva, para a esfera da economia, na qual me concentrei até agora, significa, por exemplo, que a legislação social do início do século XX, as regras relativas à participação dos trabalhadores nas decisões aprovadas na Alemanha Ocidental e as disposições relativas ao salário mínimo, em vigor em diversos países, não sejam encaradas simplesmente como situações ocasionais, mas sim como os primeiros passos de um avanço conquistado penosamente no sentido da socialização

---

([125]) Sobre a importância deste conceito de Kant para a filosofia da história cf. Axel Honneth, «Die Unhintergehbarkeit des Fortschritts. Kants Bestimmung des Verhältnisses von Moral und Geschichte», em: A. Honneth, *Pathologien der Vernunft. Geschichte und Gegenwart der Kritischen Theorie*, Frankfurt/M. 2007, p. 9-27.

do mercado laboral. E se estes avanços institucionais forem prolongados para o futuro ao longo de uma linha fictícia, as socialistas e os socialistas reconhecerão quais as outras medidas necessárias no futuro imediato para que haja uma aproximação ao objetivo de concretização da liberdade social na esfera económica. No entanto, nunca se deve pressupor que esse estado final, tal como os passos intermédios que levam ao mesmo, possam ser fixados já hoje de uma vez por todas. Pelo contrário, o objetivo e os meios irão corrigir-se recíproca e ininterruptamente, sempre em função dos resultados das experiências concretas, que deverão ser repetidas permanentemente, de modo que não é possível obter de antemão qualquer conhecimento seguro sobre o estado final almejado. Mas, precisamente por isso, também não pode ser excluído categoricamente de antemão que a forma económica antecipada no conceito socialista de liberdade social não acabe por corresponder a uma situação cuja designação correta só poderá ser a de «socialismo de mercado».

De qualquer modo, se os coletivos sociais deixarem de ser entendidos como encarnações reais das reivindicações do socialismo, passando este papel a ser atribuído a conquistas institucionais, quase tudo passa a ser diferente para o socialismo. Os destinatários do seu conhecimento, adquirido numa atitude experimental, já não são os membros de determinado grupo, mas todos os cidadãos, na medida em que é necessário convencê-los de que só podem concretizar a sua liberdade individual nos domínios essenciais da sua vida em cooperação solidária com todos os outros. O garante da viabilidade do socialismo deixa de ser a existência de um movimento social e dos seus objetivos, mas sim a sua capacidade e poder normativos para conseguir reformas institucionais nas circunstâncias já existentes que vão no sentido visado pelo mesmo. Quanto mais reformas legais ou mudanças de mentalidade nas quais se revelam já fragmentos das suas próprias intenções este tipo de socialismo conseguir registar, tanto mais convencido pode estar da eficácia das suas visões também no futuro.

De qualquer modo, o quadro que comecei a traçar de um socialismo radicalmente alterado continua a possuir uma fissura que permite detetar uma outra discrepância entre as suas novas intenções e a conceção original. É fácil reconhecer esta discrepância se tivermos presente que o velho socialismo apenas tinha considerado a classe trabalhadora como destinatária das suas próprias visões, uma vez que, no futuro, nem sequer deveriam existir «cidadãos». Era suposto que, no novo sistema social, todas as liberdades se tivessem realizado apenas sob a forma da cooperação económica, de modo que não seria necessária qualquer outra esfera na qual os membros da sociedade agissem não como produtores, mas precisamente como «*citoyens*». Portanto, quando acabei de afirmar que o socialismo se deve dirigir a todos os cidadãos, isto nem sequer é compatível, sem mais, com as suas premissas originais, já que eu me refiro positivamente à formação da vontade democrática, que, de acordo com a ideia do socialismo clássico, nem sequer deveria existir como tal no futuro. Esta delicada tensão só poderá ser eliminada se a ideia de liberdade social se desprender *a posteriori* da sua ligação exclusiva à esfera económica. Chego, assim, ao segundo passo da minha tentativa de libertar o socialismo do seu pensamento antigo, para lhe conferir uma nova eficácia.

IV.

Caminhos de renovação (2): a ideia de uma forma de vida democrática

O motivo pelo qual os primeiros socialistas não fizeram qualquer esforço para transferir o seu recém-conquistado conceito de liberdade social também para outras esferas sociais continua a ser um enigma teórico. No segundo capítulo, afirmei que este estranho lapso se deveria ao facto de todos os autores do movimento recém-nascido terem considerado como única causa daquilo a que chamavam «egoísmo privado» os constrangimentos comportamentais da sociedade de mercado capitalista, acreditando, por isso, que todos os seus esforços políticos se deveriam concentrar exclusivamente na superação dos mesmos. Incapazes, sequer, de prever a importância emancipatória dos direitos civis e humanos nascidos com a Revolução Francesa, consideravam-nos apenas uma autorização para a criação de riqueza privada, pensando, portanto, que poderiam prescindir completamente dos mesmos numa futura sociedade socialista. O socialismo sofre desde então da incapacidade de encontrar por si – com recurso aos seus próprios meios conceptuais – um acesso produtivo à ideia de democracia política. É certo que existiram sempre planos para uma democracia económica, para conselhos de trabalhadores e para instituições de autogestão coletiva semelhantes. Mas estes restringiram-se à esfera económica, uma vez que se pressupunha que, no futuro, nem sequer seria necessária uma formação ético-política da vontade do povo, portanto, uma autolegislação democrática. O próprio aditamento posterior, um pouco precipitado, do adjetivo «democrático» não conseguiu corrigir realmente em nada este defeito do socialismo original – uma espécie de fundamentalismo económico –, uma vez que não esclareceu, de maneira alguma, qual a relação existente, na liberdade social, entre cooperação económica e formação da vontade democrática. Permitiu-se, pelo contrário, que o conceito de democracia fosse determinado pela tendência liberal, mas, de resto, deixou-se temporariamente tudo como estava, o que levou ao surgimento de uma estrutura híbrida sem qualquer consistência intelectual[126]. Teria sido preferível que, quando se começou a sentir o défice democrático do próprio movimento, se tivesse voltado a procurar nos escritos da geração dos fundadores as passagens nas quais terá, possivelmente, surgido o equívoco fatal. Então, ter-se-ia descoberto inevitável e rapidamente que o mesmo estava relacionado com a incapacidade de adaptar a ideia, nova e pioneira, de liberdade social à realidade – que, entretanto, se tornara visível – de uma sociedade que se diferenciava em termos funcionais, e de aplicar esta ideia, de forma adequada, às esferas sociais que se iam tornando autónomas.

Portanto, voltemos ao momento do nascimento teórico da ideia de liberdade social, para corrigir este erro *a posteriori*. Os primeiros socialistas e o jovem Marx cunharam o conceito

---

[126] Isto significa no sentido inverso que onde não ocorreu uma viragem para o «socialismo democrático», manteve-se uma oposição muito confusa do ponto de vista conceptual entre «democracia» e «socialismo/comunismo». Para um exemplo disto mesmo cf.: Arthur Rosenberg, *Demokratie und Sozialismus. Zur politischen Geschichte der letzten 150 Jahre*, Frankfurt/M. 1962.

com a intenção de eliminar aquilo que consideravam ser uma contradição flagrante no processo de concretização dos princípios de legitimação da nova ordem social do capitalismo liberal: o estabelecimento de um conceito de liberdade de um individualismo desenfreado dentro das trocas comerciais mediadas pelo mercado que condenava as camadas indigentes ao empobrecimento, quando, para além da «liberdade», a «fraternidade» e a «igualdade» também deveriam prevalecer, simultaneamente, entre todos os membros da sociedade. A ideia de liberdade social deveria permitir a saída desta situação contraditória, na medida em que parecia oferecer um mecanismo ou um esquema de ação de acordo com o qual a realização da liberdade individual deveria estar ligada diretamente ao pressuposto da realização da liberdade de outrem. Se, caso tivessem sido tomadas as devidas medidas institucionais, os objetivos das ações individuais dos membros da sociedade estivessem de tal maneira interligados que só pudessem ser concretizados sem constrangimentos se existisse aprovação e participação recíproca, a fraternidade tornar-se-ia a forma plena de liberdade e ambas coincidiriam, assim, numa comunidade de iguais. Todos os socialistas da primeira fase, de Louis Blanc, passando por Proudhon, a Marx, concluíram que a contradição encontrada, e, portanto, a desigualdade daí resultante, só seria ultrapassável se fosse possível criar uma sociedade de acordo com o modelo desta comunidade de indivíduos que se complementam livremente nos seus modos de agir. A contraposição da liberdade à fraternidade levaria, simultaneamente, ao desaparecimento da oposição entre ricos e pobres, uma vez que todos os membros da sociedade considerariam os outros parceiros de interação aos quais, por razões da própria liberdade, deveriam uma certa simpatia solidária.

Porém, é precisamente neste ponto que começa aquilo que designei como enigma na estruturação da teoria dos primeiros socialistas: o modelo prometedor de liberdade social, que se tinha revelado como chave para que fosse possível conceber a liberdade individual e a solidariedade como princípios interdependentes e não contraditórios, é desenvolvido exclusivamente para a esfera da atividade económica, sem sequer considerar se não deveria ser aplicado também a outras esferas de ação da sociedade emergente. Se deixarmos de lado que um dos motivos fundamentais para esta oportunidade perdida residiu, provavelmente, na convicção de que todo o mal do individualismo sem limites provinha exclusivamente do isolamento jurídico do indivíduo na nova economia de mercado, encontraremos como segunda razão, igualmente importante, a ligação geral ao espírito do industrialismo. Nenhum dos pais fundadores do socialismo conseguiu – ou, sequer se dispôs – a ter em conta o processo de diferenciação funcional das diversas esferas sociais que se desenrolava perante os seus olhos, uma vez que todos estavam convencidos de que, no futuro, a integração de todos os domínios da sociedade seria determinada exclusivamente pelas exigências da produção industrial. No entanto, os seus precursores liberais e os seus opositores intelectuais tinham começado há muito a debruçar-se sobre as consequências sociopolíticas que resultavam, pelo menos desde o século XVIII, da distinção entre diversas esferas sociais, tanto no pensamento quanto na ação, esferas essas que foram tratadas cada vez mais apenas como possuindo as suas próprias leis de funcionamento([127]).

No liberalismo, Hobbes, mas de forma ainda mais nítida, Locke e Hume, refletiram sobre o facto de a distinção entre «moralidade» e «legalidade» obrigar também a uma diferenciação entre os dois subsistemas – a «sociedade» e o «Estado» – que pareciam obedecer às suas próprias leis, de caráter mais privado

---

([127]) Cf. sobre esta questão o resumo esclarecedor em Niklas Luhmann, *Die Gesellschaft der Gesellschaft*, Frankfurt/M. 1997, Cap. 4.VII (p. 707-743). Além disso, podemos encontrar um excelente esboço do problema em: Hartmann Tyrell, «Anfragen an die Theorie der gesellschaftlichen Differenzierung», em: *Zeitschrift für Soziologie*, 7/2 (1978), p. 175-193.

e pessoal, num caso, ou de caráter mais público e neutro, no outro. Transversalmente a esta primeira distinção e numa certa tensão com a mesma, começou-se igualmente a distinguir entre um domínio puramente privado e uma esfera pública geral, para atender à tendência emergente de constituição de relações matrimoniais e amigáveis baseadas exclusivamente no afeto. Por fim, a disciplina da economia política, a dar os seus primeiros passos, tinha avançado energicamente no sentido de uma separação entre economia e ação do Estado. Essa separação serviria sobretudo também para, no futuro, proteger as transações mediadas pelo mercado de interferências políticas([128]). Hegel, reagindo a todas estas diferenciações liberais e trabalhando-as de forma sistemática, apresentou, além disso, na sua filosofia do direito, uma proposta para uma possível distinção entre as diversas esferas de ação no que diz respeito às suas tarefas específicas. Segundo esta proposta, o direito, enquanto médium englobante, deveria assumir a função de garantir a autonomia privada de todos os membros da sociedade; a família deveria proporcionar a socialização e a satisfação das necessidades naturais; a sociedade de mercado deveria garantir meios de subsistência suficientes e, por fim, o Estado deveria proporcionar a integração ético-política global([129]). Mesmo que, na primeira fase do socialismo, tivesse prevalecido a opinião de que estas separações e delimitações eram excessivas, uma vez que negavam a clara primazia da economia capitalista, no mínimo, teria sido necessário o confronto com o desafio teórico colocado pela hipótese de uma diferenciação funcional. Em vez disso, os primeiros socialistas limitaram-se a demonstrar uma

---

([128]) Cf. sobre todas estas propostas de diferenciação na primeira fase do liberalismo: Stephen Holmes, «Differenzierung und Arbeitsteilung im Denken des Liberalismus», em: Niklas Luhmann (Org.), *Soziale Differenzierung*, Opladen 1985, p. 9-41.

([129]) G.W.F. Hegel, *Grundlinien der Philosophie des Rechts* [1820/21], Frankfurt/M. 2004.

incompreensão pura e simples face às formulações liberais e pós-liberais ou a dar-lhes pouca importância, como fez Marx, na sua famosa crítica ao direito público de Hegel[130].

A falha dos primeiros socialistas consistiu, mais precisamente, no facto de, nos diagnósticos do aumento da diferenciação funcional, não terem feito uma distinção entre um nível empírico e um nível normativo. Se o tivessem feito olhando para a situação de então, poderiam argumentar, com razão, que a autonomia sistémica da ação do Estado ou das relações privadas, por exemplo, não progrediu assim tanto, uma vez que os acontecimentos em ambos os domínios continuam a ser determinados decisivamente por imperativos económicos. Contudo, se olhassem para o futuro, poderiam sublinhar a desejabilidade desta renitência funcional das diversas esferas[131]. Ora, como não houve uma delimitação clara entre os dois níveis, deslizou-se subitamente de descrições empíricas para declarações normativas. O funcionamento das sociedades continuava a ser pensado – claramente por Saint-Simon e não menos manifestamente por Marx – no sentido vertical, tal como na teoria da sociedade pré-moderna, a partir de um centro que comandava, deixando apenas este lugar de ser ocupado pelo Estado, para ser substituído pela economia. Pelo contrário, em termos de teoria social, teria sido muito mais inteligente e mais perspicaz criticar o facto de as condições capitalistas daquela época nem sequer darem espaço de manobra aos campos de ação divergentes para a autonomia social que lhes tinha sido atribuída pelos representantes do liberalismo. Esta perspetiva teria permitido considerar a tendência

---

[130] Karl Marx, «Zur Kritik der Hegelschen Rechtsphilosophie. Kritik des Hegelschen Staatsrechts (§§261-313)», em: Marx/Engels, *Werke (MEW)*, Vol. I, *ibidem*, p. 201-336.

[131] Sobre uma perspetiva deste tipo em relação à abordagem de Niklas Luhmann cf.: Uwe Schimank/Ute Volkmann, «Ökonomisierung der Gesellschaft», em: Andrea Maurer (Org.), *Handbuch der Wirtschaftssoziologie*, Wiesbaden 2008, p. 382-393.

para a diferenciação funcional como algo positivo, defendendo, assim, a tese segundo a qual, por exemplo, o amor e a política democrática merecem ser subtraídos aos imperativos sistémicos da economia, mantendo-se, contudo, um grande ceticismo face à possibilidade de, nas condições económicas atuais, se conseguir de facto tal separação entre as diversas esferas. Contudo, a incapacidade de iniciar o caminho que acabou de ser esboçado – diferenciação funcional como tarefa, mas não como facto social – colocou desde sempre o socialismo numa posição difícil em relação à tradição liberal: embora, na realidade, esta nunca tenha possuído uma teoria social própria – talvez à exceção de pensadores como Adam Smith e Max Weber –, poderia acabar por parecer que seria superior ao seu adversário socialista, incluindo na sua capacidade de encontrar uma explicação sociológica, apenas por este não prestar qualquer atenção à circunstância da diferenciação funcional.

É esta incapacidade profunda dos primeiros socialistas que ajuda a explicar o surgimento daquilo que se poderia designar como a sua permanente «cegueira em relação ao(s) direito(s)». Dada a negação de qualquer separação entre as esferas, os direitos civis universais recém-criados só poderiam ser tidos em consideração no que dizia respeito à importância funcional para o centro diretor da economia, pelo que a sua importância no que diz respeito ao papel emancipatório que estes poderiam desempenhar na esfera, completamente diferente, da formação da vontade política tinha de ser completamente ignorada([132]). Porém, sendo assim, as potencialidades de libertação de barreiras de comunicação resultantes da institucionalização dos direitos fundamentais liberais ficaram, desde o início, fora do alcance dos primeiros socialistas, embora tivesse sido perfeitamente natural aproveitar o conceito de liberdade social, elaborado por

---

([132]) Cf. Jürgen Habermas, *Faktizität und Geltung. Beiträge zur Diskurstheorie des Rechts und des demokratischen Rechtsstaats*, Frankfurt/M. 1992, Cap. III.

eles próprios, para compreender, juntamente com Rousseau, o enraizamento destes novos direitos num processo de formação da vontade coletiva: é que, se fosse realmente verdade aquilo que o documento fundador da Revolução, baseado no *Contrat Social*, afirmava, isto é, que, a partir desse momento, só poderiam reivindicar legitimidade e, portanto, obediência individual, os direitos individuais com os quais todos os afetados poderiam, em princípio, concordar, então tal remeteria claramente para um processo de deliberação e de ponderação que não devia ser realizado por cada um, individualmente, mas apenas por todos em conjunto, numa complementaridade das suas convicções ([133]).

No entanto, não teria sido difícil aos primeiros socialistas descodificar os direitos fundamentais recém-declarados como condição prévia para um tal processo de autolegislação pública, se tivessem sido capazes de aproveitar o próprio conceito de liberdade social para esta nova forma da ação política. Nesse caso, teria sido possível entender as liberdades civis individuais já estabelecidas como o primeiro passo para a criação das condições que permitiriam, em princípio, a cada um participar sem constrangimentos na atividade de discussão e votação que apresentava manifestamente o mesmo padrão de complementaridade recíproca como a satisfação comum de necessidades na atividade económica de tipo cooperativo – a formação da vontade política, nesta expansão da ideia de liberdade social, revelar-se-ia como um ato de comunicação cuja realização sem constrangimentos exigiria que todos os envolvidos usufruíssem, pelo menos, da liberdade de opinião e de consciência garantidas pelos direitos fundamentais. Porém, esta integração dos direitos fundamentais liberais no próprio pensamento não era possível, porque este não atribuía qualquer papel independente à ação política no sentido da formação da vontade política. Pelo contrário, era convicção da maioria dos socialistas que toda a

---

([133]) *Idem*, Cap. IV.

CAMINHOS DE RENOVAÇÃO (2) | 115

legislação pública que fosse necessária no futuro seria tratada ocasionalmente pelos produtores, juntamente com a regulação cooperativa das suas atividades de trabalho. Por fim, a espantosa cegueira em relação à importância democrática dos direitos fundamentais também explica porque foi durante muito tempo quase impossível aos socialistas criar uma aliança sistemática com a ala radical dos republicanos liberais([134]). Este movimento também nasceu da tentativa de concretizar as promessas da Revolução Francesa, ainda por cumprir, através de uma reinterpretação dos seus princípios orientadores; porém, neste caso, o ponto de partida para a reinterpretação não eram as deficiências da esfera económica, mas sim os défices da constituição política do novo formato do Estado. O republicanismo radical considerava que o erro decisivo desta forma do Estado residia no facto de a vontade do povo não ser tida suficientemente em conta na legislação política, pelo que o objetivo supremo dos esforços reformistas na época pós-revolucionária deveria consistir na conquista – em nome do igualitarismo – da participação equitativa de todos os cidadãos no processo legislativo de formação da vontade coletiva. Este catálogo de exigências revela claramente – num outro lugar e

---

([134]) Sobre este complexo de problemas cf.: Wolfgang Mager, «Republik», em: *Geschichtliche Grundbegriffe. Historisches Lexikon zur politisch-sozialen Sprache in Deutschland*, Vol. 5, *ibidem*, p. 549-651, aqui: p. 639-648. Neste subcapítulo dedicado ao debate no movimento trabalhista alemão sobre a relação com o republicanismo encontra-se também a referência ao facto de tanto Marx (em «Randglossen zum Programm der deutschen Arbeiterpartei» [1875], em: Marx/Engels, *Werke [MEW]*, Vol. 19, Berlim 1962, p. 15-32, aqui: p. 29), como Engels (em «Zur Kritik des sozialdemokratischen Programmentwurfs» [1891], em: Marx/Engels, *Werke [MEW]*, Vol. 22, Berlim 1963, p. 225-240, aqui: p. 235) terem defendido ocasionalmente uma aprovação puramente tática dos objetivos de um republicanismo democrático. Robert Wuthnow debruça-se igualmente sobre a relação bastante problemática dos socialistas com o republicanismo radical. Ver *Communities of Discourse, ibidem*, p. 367ss.

com acentuações diferentes – uma compreensão da liberdade já institucionalizada que vai mais no sentido de um empenho igualitário em prol uns dos outros e de uma cooperação sem constrangimentos, conferindo, assim, ao princípio da soberania popular o caráter necessário a um processo de deliberação democrático. E mesmo que um republicano alemão como Julius Fröbel ou, um pouco mais tarde, um democrata radical francês como Léon Gambetta não tenham utilizado esta expressão, os seus escritos permitem reconhecer claramente os seus esforços para tornar a ideia da liberdade social fecunda para a esfera da formação da vontade democrática([135]).

A incapacidade dos primeiros socialistas em aceitarem a diferenciação funcional das sociedades modernas como um facto normativo teve um impacto não menos prejudicial num campo completamente diferente. É que, tal como o campo de ação político, também a esfera privada, o domínio social do casamento e da família, teria podido constituir um âmbito de aplicação para a ideia de liberdade social, mesmo que, inicialmente, esta tenha sido formulada apenas com a intenção de redefinir a organização da atividade económica. Ao contrário dos direitos civis, que nem sequer queriam reformar ou alargar, mas sim ignorar, quase todos os socialistas da primeira hora veem uma grande necessidade de emancipação no que diz respeito às relações familiares tradicionais, uma vez que as mulheres eram tratadas como membros subordinados aos homens e dependentes deles. Proudhon constitui aqui uma exceção infeliz, já que defendeu a família patriarcal durante toda a vida, não querendo, portanto, atribuir às mulheres nenhum outro papel para além da educação dos filhos e do trabalho

---

([135]) Sobre Julius Fröbel cf. Jürgen Habermas, «Volkssouveränität als Verfahren», em: J. Habermas, *Faktizität und Geltung, ibidem*, p. 600-631, aqui: p. 613ss; sobre Léon Gambetta cf. Daniel Mollenhauer, *Auf der Suche nach der «wahren Republik». Die französischen «radicaux» in der frühen Dritten Republik (1870-1890)*, sobretudo Cap. 3, 4 e 5.

doméstico([136]). Mas já os saint-simonistas haviam procurado soluções institucionais para superar a predominância tradicional do homem no casamento e na família([137]). Meio século mais tarde, Friedrich Engels apresenta o seu famoso estudo sobre a «origem da família» no qual identifica como fonte do poder masculino nas relações pessoais o poder de controlo da propriedade privada([138]). No entanto, nenhum dos autores socialistas que, no século XIX, tomam partido do movimento das mulheres se aproxima, sequer, da ideia de determinar as condições de liberdade de constrangimentos e de igualdade nas relações pessoais com recurso ao modelo que tinha sido utilizado para conceber as relações de produção revolucionárias. Embora seja manifesto que todo o conceito de liberdade social teve a sua origem no modelo do amor, tendo sido transferido para as relações de trabalho sociais, quando estava em causa o movimento das mulheres, então emergente, não se fizeram quaisquer esforços para aproveitar o mesmo conceito no sentido inverso, isto é, para o projeto de emancipação do casamento e da família. No entanto, este teria sido precisamente o caminho mais correto também neste caso, uma vez que todas as relações baseadas no amor e no cuidar podem ser entendidas, desde o início da Modernidade, como relações baseadas na ideia normativa de que os envolvidos se completam reciprocamente para permitir

---

([136]) Cf. sobretudo o seu escrito polémico, publicado após a sua morte: Pierre-Joseph Proudhon, *La Pornocratie, ou Les femmes dans les temps modernes*, Paris 1875.

([137]) Sobre o papel de Barthélemy-Prosper Enfantin no contexto de uma mobilização dos saint-simonistas para os objetivos de emancipação das mulheres cf. Salomon-Delatour «Einführung», em: Salomon-Delatour (Org.), *Die Lehre Saint-Simons*, ibidem, p. 9-31, sobretudo p. 20ss.

([138]) Friedrich Engels, «Der Ursprung der Familie, des Privateigentums und des Staats», em: K. Marx/F. Engels, *Werke (MEW)*, Vol. 21, Berlim 1962, p. 25-173. Para uma crítica ao escrito de Engels, sobretudo ao seu «monismo económico», cf. Simone de Beauvoir, *Das andere Geschlecht. Sitte und Sexus der Frau*, Reinbek bei Hamburg 1968, p. 62-68.

em conjunto a sua própria autorrealização e, por conseguinte, uma pessoa deveria representar uma condição de liberdade para as outras([139]). Portanto, teria sido possível, sem grande esforço, tomar a própria ideia de liberdade social, agora adaptada ao caso especial das relações sociais afetivas, como modelo normativo também para as condições que deveriam existir no casamento e na família, para que os seus membros se pudessem completar sem restrições nos seus respetivos planos de vida. O facto de os primeiros socialistas não terem tomado este caminho, perdendo, assim, a oportunidade de adquirir mais perspetivas inovadoras com base na sua visão original de liberdade social, deve-se, mais uma vez, à incapacidade de reconhecer minimamente a diferenciação funcional das sociedades modernas. Sempre que procuram dizer algo sobre o formato futuro das relações familiares, fazem-no partindo exclusivamente das relações de produção, portanto, olhando para o papel da família apenas nas relações laborais, em vez de a considerar uma esfera em si mesma, na qual teriam de ser concretizadas formas especiais de liberdade social([140]).

Torna-se, assim, evidente o erro que tinha já impedido uma ligação produtiva às liberdades cívicas liberais: como não se tomava em consideração a particularidade normativa das relações privadas e, em vez disso, estas eram consideradas apenas como um complemento funcional do processo económico, acreditando-se, portanto, ser possível recorrer a um monismo económico, também não se via nenhuma razão para desenvolver uma semântica de liberdade própria para melhorar a esfera

---

([139]) Sobre esta questão: Honneth, *Das Recht der Freiheit, ibidem*, Cap. C.III.I.

([140]) Sobre a relação infeliz entre o movimento dos trabalhadores e o movimento das mulheres na segunda metade do século XIX cf.: Ute Gerhard, *Frauenbewegung und Feminismus. Eine Geschichte seit 1789*, Munique 2009, p. 57-59. Além disso: Mechthild Merfeld, *Die Emanzipation der Frau in der sozialistischen Theorie und Praxis*, Reinbek bei Hamburg 1972, Parte 2.

de ação do amor, do casamento e da família. Pelo contrário, a única coisa que podia ser apresentada do lado socialista para se associar ao movimento das mulheres, então em ascensão, foi formulada novamente nas categorias da política económica, apontando, portanto, para a libertação das mulheres do feitiço do patriarcado através da sua inclusão nas relações de produção associativas que seriam criadas no futuro([141]). Por isso, apesar de todas as tentativas de aproximação mútua, a relação entre o movimento dos trabalhadores socialista e o feminismo nascente manteve-se bastante tensa e infeliz durante décadas. Se, por um lado, cresceu cada vez mais no feminismo a consciência de que a emancipação das mulheres não exige apenas medidas para garantir a igualdade no sufrágio e no mercado de trabalho, mas também uma profunda mudança cultural que teria de começar pelas condições de socialização estabelecidas, para que as mulheres adquirissem, sequer, uma voz própria, através da libertação de estereótipos de género impostos, por outro lado, nas fileiras do movimento dos trabalhadores, não foi possível desenvolver qualquer sensibilidade para este tipo de conclusões, porque se insistia cegamente na prioridade determinante da esfera económica([142]). Se os socialistas tivessem estado dispostos a pagar tributo à diferenciação funcional das sociedades

---

([141]) Sobre esta questão cf. a reconstrução esclarecedora de Antje Schrupp: A. Schrupp, «Feministischer Sozialismus? Gleichheit und Differenz in der Geschichte des Sozialismus», (http://www.antjeschrupp.de/feministischer-sozialismus/), última consulta 01.07.2015.

([142]) Quem mais se aproximou da ideia de que a emancipação da mulher dos grilhões das relações tradicionais no casamento e na família necessitava de uma semântica de libertação própria foi August Bebel, no seu livro, que se transformou num clássico: *Die Frau und der Sozialismus* [1870], Berlim 1946; no entanto, mesmo este livro mantém a tendência para considerar o «casamento burguês» apenas uma «consequência das relações de propriedade burguesas» (*idem*, p. 519) e, portanto, para se limitar à perspetiva de uma socialização das condições de produção, sem abordar as relações de socialização intrafamiliares em si mesmas (cf. *idem*, Cap. 28).

modernas, procurando interpretar a esfera das relações pessoais como um lugar de liberdade social autónomo, a relação com o feminismo, a relação entre estes dois movimentos, poderia ter sido muito diferente desde o início. É que, nesse caso, teriam reconhecido rapidamente, com base neste critério normativo – de uma interação e um empenho recíproco sem constrangimentos, livres, também nas relações sociais baseadas no amor recíproco –, que a opressão das mulheres começava precisamente ali, nas relações familiares carregadas de emoções, onde, com ameaças de violência abertas ou subtis, lhes eram impostos as imagens de feminilidade e os papéis estereotipados que não deixavam qualquer margem para explorar sensibilidades, desejos e interesses próprios. Portanto, o problema não estava tanto em garantir que as mulheres participassem em pé de igualdade na produção económica, mas, antes de mais, em ajudá-las a serem autoras da imagem de si próprias, para além das prescrições masculinas. Por conseguinte, a luta por condições de liberdade social na esfera do amor, do casamento e da família deveria ter significado, antes de mais, a libertação das mulheres que viviam dentro destes ninhos de poder masculino da dependência económica, do paternalismo baseado na violência e das atividades impostas unilateralmente, de modo que elas pudessem, sequer, tornar-se parceiras iguais em relações baseadas na reciprocidade. Só nestas condições de dedicação recíproca, sem constrangimentos, é que as duas partes estariam em posição de articular, com o apoio emocional do outro, as necessidades e os desejos passíveis de serem interpretados pelos mesmos como uma verdadeira expressão da sua individualidade.

No entanto, o socialismo não enveredou pela interpretação das relações pessoais com recurso ao conceito de liberdade social, para desenvolver a partir daí uma orientação própria para medidas com objetivo de melhorar as condições de vida das mulheres. Demonstrou a mesma cegueira em relação à objeção que o movimento das mulheres já fazia ouvir naquela altura –, isto é, que a igualdade tem de significar, em primeiro lugar, a criação das condições necessárias para uma articulação livre de experiências genuinamente femininas, uma exigência que seria formulada, como é sabido, um século mais tarde, sob o *slogan* da luta pela «diferença» –, que demonstrara face aos objetivos razoáveis dos republicanos ([143]). A incapacidade de avaliar corretamente a importância normativa destes dois movimentos volta a mostrar claramente a verdadeira estreiteza de horizonte da teoria social do socialismo desde o início. Incapazes de compreender o sentido de uma luta pela concretização de liberdades sociais noutras esferas para além da esfera da atividade económica, os socialistas só podiam relacionar-se tanto com o republicanismo «de esquerda», como as tendências cada vez mais radicais do feminismo ignorando completamente estes dois movimentos ou acusando-os de traição «burguesa» da classe sempre que não era possível integrar as exigências dos mesmos nos próprios objetivos, limitados à política económica. Quando os dois movimentos se tornaram tão poderosos ao longo do século XX que deixou de ser possível castigá-los com a ignorância, os socialistas procuraram, por fim, dominar a situação pouco clara introduzindo a infeliz terminologia da «contradição principal e secundária», sendo que tal apenas voltou a revelar a insistência na herança industrialista do determinismo económico ([144]). No entanto, a tentativa de renovar o socialismo, corrigindo *a posteriori* também a sua insensibilidade face às diferenciações funcionais, constitui uma tarefa muito mais difícil do que parece à primeira vista.

([143]) Kristina Schulz oferece uma clarificação útil do conceito, aplicável também na teoria social, na sua obra *Der lange Atem der Provokation. Die Frauenbewegung in der Bundesrepublik und in Frankreich 1968-1976*, Frankfurt/M., Nova Iorque 2002, Cap. V.2.

([144]) Cf. sobre a história desta diferenciação calamitosa: Wolfgang Fritz Haug/Isabel Monal, «Grundwiderspruch, Haupt-/Nebenwiderspruch», em: Wolfgang Fritz Haug (Org.), *Historisch-kritisches Wörterbuch des Marxismus*, Vol. 5, Hamburgo 2001, p. 1040-1050.

É que não basta substituir o «centrismo» económico pela ideia de esferas de ação agarradas obstinadamente às suas próprias normas. Pelo contrário, para que o projeto seja motivador do ponto de vista político e voltado para o futuro, é necessário possuir uma ideia sobre a forma como as esferas diferenciadas se irão relacionar entre si no futuro em termos normativos. Antes de podermos debruçar-nos diretamente sobre esta questão, é aconselhável voltar a passar em revista as conclusões tiradas até agora no que diz respeito à incapacidade predominante do socialismo clássico no que diz respeito à diferenciação das esferas. Partimos da constatação de que nenhum dos primeiros representantes do movimento empreendeu os esforços no sentido de tornar a ideia de liberdade social útil para outros campos de ação da reprodução social que não fossem os da atividade económica. Limitaram-se a avaliar a economia capitalista sob a perspetiva normativa, perguntando que medidas poderiam levar à transformação no sentido de uma associação mais forte entre os membros da sociedade, sem ponderar, sequer, se não haveria outras esferas reprodutivas a considerar do ponto de vista da concretização da liberdade social. Vimos, depois, que a razão para esta falha se deveu ao facto de nenhum dos primeiros socialistas se ter disposto a levar a sério o processo progressivo de diferenciação funcional das sociedades modernas. Completamente presos ao espírito do industrialismo e, portanto, convencidos de que, no futuro, todos os acontecimentos sociais continuariam a ser determinados pelos processos da produção industrial, não viam qualquer motivo para se confrontarem com a questão da autonomia das esferas de ação social já existente empiricamente ou, por princípio, desejável. É esta recusa em ponderar, sequer, um processo de diferenciação funcional que explica também a razão pela qual os socialistas não fizeram qualquer esforço para tornar a sua ideia de liberdade social útil para a exploração normativa de outras esferas de ação. Se estes sistemas parciais nem sequer podiam possuir por princípio uma lógica de funcionamento própria, autónoma, uma vez que o que acontecia nos mesmos deveria ser sempre determinado por princípios e orientações económicas, também não era necessário procurar neles formas autónomas de concretização da liberdade social[145].

Se queremos anular este passo errado na formulação da teoria do socialismo, necessitamos não só de explicar por que motivos seria plausível considerar razoável que outros domínios constitutivos da sociedade também dependem de formas próprias de liberdade social. Mais: se pretendemos que o socialismo continue a possuir a visão de uma forma de vida melhor, também é necessário indicar como estas esferas de liberdade social autónomas deverão interagir adequadamente no futuro.

No que diz respeito à primeira das duas tarefas, a sua solução já se tinha tornado evidente na crítica ao facto de o socialismo tradicional ignorar completamente a autonomia normativa da ação democrática, por um lado, e das relações sociais pessoais, por outro. Se as regras constitutivas que os participantes têm de respeitar nestes domínios forem entendidas no sentido de os mesmos deverem poder entender as suas ações numa perspetiva coletiva, enquanto ações que se completam reciprocamente, então faz todo o sentido pressupor que estas esferas também se

---

[145] A ingenuidade em termos de teoria social com que Gerald Cohen perspetivou, ainda no ano de 2009, uma sociedade socialista, sem sequer mencionar a separação de diversas esferas, com lógicas de ação próprias, permite ver facilmente como o impacto desta herança fatal do socialismo, da sua incapacidade de diferenciação funcional, continua a ser forte, até hoje. Em vez disso, Cohen toma como modelo de uma tal sociedade futura um acampamento, no qual não existem, naturalmente, quaisquer delimitações estáveis entre as diferentes tarefas organizadas segundo regras específicas: Gerald A. Cohen, *Sozialismus – warum nicht?*, Munique 2010. Como é apropriada aqui a frase lacónica de Émile Durkheim, um defensor acérrimo da necessidade de diferenciações funcionais, segundo o qual a vida social não podia ser um «acampamento»: Émile Durkheim, *Erziehung, Moral und Gesellschaft. Vorlesung an der Sorbonne 1902/1903*, Darmstadt 1973, p. 200.

baseiam na liberdade social. Seguindo os critérios desta perspetiva alargada, não é só o sistema de atividade económica, mas também as duas outras áreas de ação das relações pessoais e de formação da vontade democrática, que podem ser então entendidas como sistemas sociais parciais nos quais os desempenhos desejáveis só podem ser alcançados se os envolvidos puderem interpretar os seus contributos específicos como contributos interligados de forma livre e completando-se reciprocamente. No que respeita à esfera do amor, do casamento e da família, isto significa reconhecer que estes constituem formas de relações nas quais a disponibilidade recíproca prometida só é possível se todos os membros puderem articular livremente as suas verdadeiras necessidades e os seus verdadeiros interesses e concretizá-los com a ajuda dos outros. Para a esfera da formação da vontade democrática, resulta daí que os participantes têm de ser capazes de entender as expressões das suas opiniões individuais como contributos que se completam mutuamente para um projeto comum de procura de uma vontade geral[146]. Em ambos os casos – tal como em relação ao sistema económico – seria errado e enganador seguir a ideia liberal segundo a qual estaríamos perante subsistemas sociais nos quais se abrem oportunidades meramente subjetivas de realização de propósitos privados, definidos num sentido puramente individual, pelo que as ligações e compromissos mútuos têm de ser encarados como ameaças latentes[147]. Um socialismo revisto parte, muito

---

[146] Cf. desenvolvimento desta questão em: Axel Honneth, «Drei, nicht zwei Begriffe der Freiheit. Ein Vorschlag zur Erweiterung unseres moralischen Selbstverständnisses», em: Olivia Mitscherlich-Schönherr/Matthias Schloßberger (Org.), *Die Unergründlichkeit der menschlichen Natur*, Berlim 2015.

[147] Depreende-se da justificação, que apresentei anteriormente, para a tarefa socialista permanente de crítica da teoria económica dominante (cf. nota 109) que o socialismo também teria de se manter sempre crítico em relação à teoria dominante segundo a qual a realidade social nas duas outras esferas das relações privadas e da formação da vontade política já é coproduzida, por exemplo, em relação ao modelo-padrão de família numa perspetiva

pelo contrário, do princípio de que todos os três domínios constituem esferas de ação nas quais deveriam existir condições de empenho recíproco e sem constrangimentos em prol uns dos outros e, portanto, relações baseadas na liberdade social[148]. Assim, o socialismo não se pode contentar com a perspetiva da eliminação da heteronomia e do trabalho alienado na esfera económica. Pelo contrário, ele sabe que a sociedade moderna não se tornará genuinamente *social*, enquanto o constrangimento, a influência e a coação não forem ultrapassados com sucesso nas outras duas esferas das relações pessoais e da formação da vontade democrática.

Apesar de termos apresentado um primeiro esboço da razão pela qual um socialismo renovado deveria diferenciar o seu principal conceito normativo, transferindo-o para as esferas sociais até agora bastante negligenciadas, isto ainda não basta para podermos substituir a visão antiga, limitada, em última análise, às transformações económicas, de uma forma de vida melhor por uma nova visão, mais complexa, uma vez que tal implica muito mais do que limitar-se a pensar os sistemas parciais agora diferenciados numa situação mais vantajosa, que permitisse um acréscimo de liberdade social. Isto exige também a conceção de uma interação correta e adequada entre estes sistemas parciais.

---

liberal ou em relação à teoria da democracia baseada num conceito negativo de liberdade. Se aceitarmos o facto (normativo) da diferenciação funcional no sentido aqui esboçado, bastante influenciado pela filosofia de Hegel, não podemos ficar pela crítica da economia política; pelo contrário, é necessário também criticar paralelamente as disciplinas hegemónicas que se debruçam sobre os dois outros subsistemas constitutivos, que ficaram marcadas, desde sempre, pela sua terminologia.

[148] De resto, esta divisão em três esferas constitutivas não coincide apenas com Hegel e Durkheim (sobre Durkheim cf.: *Physik der Sitten und der Moral. Vorlesungen zur Soziologie der Moral*, Frankfurt/M. 1999), mas também com a diferenciação que John Rawls faz em relação à «estrutura fundamental» da sociedade que considera o objeto primário da sua teoria da justiça: Rawls, *Gerechtigkeit als Fairneß, ibidem*, p. 32.

O socialismo, se não quer abdicar da sua pretensão tradicional a imprimir na consciência das forças históricas que o suportam o esboço de uma forma de vida futura suficientemente tangível para suscitar a disponibilidade para a sua concretização experimental, tem, portanto, no quadro atualmente aceite das diferenciações funcionais, de poder afirmar alguma coisa sobre a configuração da coexistência harmoniosa no futuro das diferentes esferas de liberdade social.

Há instituições que se encontram claramente já na obra de Hegel, mas que também encontraram alguma repercussão no pensamento de Marx, que podem ajudar-nos neste ponto difícil. Se procurarmos na filosofia social de Hegel como este imaginava a estrutura das esferas sociais que já distinguia segundo critérios funcionais, encontraremos, inevitavelmente, a imagem de um organismo vivo. De facto, sempre que Hegel procurava sintetizar a estrutura colaborativa das sociedades modernas parecia basear-se na ideia de uma interação de todos os sistemas parciais com vista à manutenção de um todo orgânico. As esferas sociais deveriam interagir como os órgãos de um corpo, que, de acordo com as suas próprias normas autónomas, serviriam, em conjunto, o objetivo geral da reprodução social. Aquilo que pode parecer inicialmente algo enigmático na adequação interna de um tal processo colaborativo, nomeadamente, a orientação geral das partes que operam autonomamente para o funcionamento de um todo superior, torna-se imediatamente compreensível quando encarado como o resultado da transferência das propriedades dos organismos vivos para as entidades sociais([149]). Deixemos

---

([149]) Michael Wolff: «Hegels staatstheoretischer Organizismus: Zum Begriff und zur Methode der Hegelschen "Staatswissenschaft"», em: *Hegel-Studien*, 19 (1985), p. 147-177, oferece o melhor estudo sobre o recurso à ideia de organismo na filosofia do direito de Hegel. Este estudo também já inclui referências à utilização positiva deste elemento metodológico da teoria do Estado de Hegel por parte de Marx: *idem*, p. 149s. Sobre a utilização da ideia de organismo no Idealismo Alemão cf. em geral: Ernst-Wolfgang Böckenförde,

CAMINHOS DE RENOVAÇÃO (2) | 127

de lado a questão de saber se este modelo organicista poderia ser aplicado empiricamente ao passado e ao presente social, já que pode existir uma série de objeções contra tal aplicação([150]). Apesar disso, ele pode ser tomado como impulso para uma abordagem normativa. Segundo este modelo, para que haja uma sociedade intacta, bem ordenada, os diversos sistemas parciais deveriam relacionar-se com o objetivo global da reprodução social, de modo a garantir a sua realização harmoniosa numa interdependência colaborativa segundo o modelo dos órgãos. Marx parece ter tido sempre em mente uma ideia deste tipo quando lamentava o regresso de uma relação ainda «desadequada» entre as forças produtivas e as relações de produção como um defeito de toda a história até então([151]). De facto, este tipo de diagnóstico das crises, a constatação de um desequilíbrio constante entre dois sistemas parciais, pressupõe, por seu lado, que a situação futura, sem crises, seja descrita como uma interação «orgânica» de diversas áreas funcionais([152]).

«Organ, Organismus, Organisation, politischer Körper», em: *Geschichtliche Grundbegriffe. Historisches Lexikon zur politisch-sozialen Sprache in Deutschland*, Vol. 4, *ibidem*, p. 519-622, aqui: p. 579-586.

([150]) Sobre Durkheim que utiliza sistematicamente a analogia do organismo cf.: Hartmann Tyrell, «Émile Durkheim – Das Dilemma der organischen Solidarität», em: Luhmann (Org.), *Soziale Differenzierung, ibidem*, p. 181-250.

([151]) É esta a afirmação famosa do «Prefácio» de Marx do seu livro *Zur Kritik der Politischen Ökonomie* [*Crítica da Economia Política*]: «Numa certa etapa do seu desenvolvimento, as forças produtivas materiais da sociedade entram em contradição com as relações de produção existentes ou, o que é apenas uma expressão jurídica destas, com as relações de propriedade no seio das quais se tinham movido até aí. De formas de desenvolvimento das forças produtivas, estas relações transformam-se em grilhões das mesmas. Surge então uma época de revolução social.» (Karl Marx, *Zur Kritik der Politischen Ökonomie* [1859], em K. Marx/F. Engels, *Werke [MEW]*, Vol. 13, Berlim 1971, p. 5-160, aqui: p. 9).

([152]) Sobre a ideia de organismo em Marx cf. Lars Hennings, *Marx, Engels und die Teilung der Arbeit: ein einführendes Lesebuch in Gesellschaftstheorie und Geschichte*, Berlim 2012, p. 204s.

A compreensão da analogia com o organismo neste sentido normativo poderá servir-nos de orientação para chegar a uma resposta à questão esboçada anteriormente acerca da determinação de relações adequadas entre as três esferas de liberdade. Concluímos que um socialismo renovado não tem de se limitar a identificar o potencial de liberdade social a concretizar experimentalmente no futuro nos sistemas parciais das relações pessoais, da ação económica e da formação da vontade democrática já distinguidos pela teoria social clássica. Pelo contrário, ele também necessita de uma ideia, ainda que vaga e aproximada, do tipo de interdependência que deverá existir futuramente entre estas diversas esferas. Se, para a solução do problema, recorrermos à analogia com o organismo, como tentado por Hegel e Marx, então a solução estará em compreender a relação desejável entre as esferas como a adequação interna de um todo articulado em partes. No futuro, as três esferas de liberdade deveriam estar relacionadas entre si, tanto quanto possível, de modo que cada uma delas seguisse as suas próprias normas, reproduzindo, porém, numa interação livre, a unidade superior da sociedade total. A imagem desta interação apropriada de esferas de liberdade independentes pode ser designada como o epítome da ideia de uma forma de vida democrática. Esta ideia antecipa as estruturas formais, ainda a ser concretizadas a nível experimental, de uma convivência social na qual os sujeitos – no empenho prático em prol uns dos outros nas suas relações pessoais, económicas e políticas – contribuem de forma cooperativa para a solução das tarefas conjuntas necessárias, para a preservação da sua comunidade. «Democracia» não significa aqui apenas poder participar em pé de igualdade e sem constrangimentos nos processos de formação da vontade política. Pelo contrário, «democracia», entendida como uma forma de vida, como tal, significa poder fazer em cada passo central da intermediação entre o indivíduo e a sociedade a experiência de uma participação igualitária na qual a estrutura geral da participação democrática se reflete, na individuação funcional de cada esfera específica[153].

Esta ideia de uma forma de vida democrática, que o socialismo deveria tomar hoje como imagem de uma sociedade libertada, possui a vantagem, face às conceções de futuro das ideias socialistas mais antigas, de ter conta a autonomia normativa das diversas áreas funcionais, sem que tal signifique desistir simultaneamente da esperança num todo harmonioso, uma vez que falar de uma *forma* de vida numa sociedade com funções diferentes tem de significar, necessariamente, pressupor a existência de uma ordem criada de forma razoável, com uma estrutura harmoniosa que é mais do que apenas a soma das suas partes. Ao que se aspira, pelo contrário, é a marcar no futuro as linhas de separação entre as três esferas de liberdade social de maneira tão hábil que as mesmas, na reprodução da unidade superior da sociedade, se apoiem, tal como órgãos de um corpo, numa reciprocidade sem constrangimentos[154]. Não é difícil reconhecer nesta formulação que esta nova imagem de um futuro melhor não se deve senão ao esforço de transferir a velha ideia de liberdade social, introduzida já pelos primeiros

---

[153] A ideia de compreender a democracia não só como uma forma política de governo, mas sim como uma forma de vida global tem novamente a sua origem em John Dewey (cf. a título de exemplo: John Dewey, *Democracy and Education*, em: *The Middle Works* [1899-1924], Carbondale e Edwardsville 1985, Vol. 9, aqui: p. 92-94; J. Dewey, *Die Öffentlichkeit und ihre Probleme, ibidem*, p. 129); mais tarde, esta ideia foi retomada e desenvolvida pelo discípulo de Dewey, Sidney Hook (Sidney Hook, «Democracy as a Way of Life», em: *Southern Review*, 4 [1938], p. 46-57; cf. sobre esta questão: Roberto Frega, *Le pragmatisme comme philosophie sociale et politique*, Lormont 2015, p. 113-133). Retomo aqui esta tradição pragmática e desenvolvo-a, introduzindo a ideia sistemática de diferenciação funcional, a fim de determinar as esferas de ação que em conjunto, graças à sua estrutura democrático-associativa, podem constituir uma forma de vida global.

[154] Adoto aqui os esforços liberais de Michael Walzer, com a intenção de os tornar úteis para a ideia de socialismo: Michael Walzer, «Liberalism and the Art of Separation», em: *Political Theory*, 12/3 (1984), p. 315-330.

socialistas, para o nível ainda mais alto dos processos de toda a sociedade: não deveriam ser só os próprios produtores (como queriam os ancestrais do movimento), nem esses juntamente com os cidadãos políticos e os parceiros nas relações pessoais (como eu propus na minha intenção corretiva), mas também estas três áreas funcionais entre si a poder criar uma relação de complementaridade com vista à realização de um objetivo comum. Não há elemento do socialismo revisto mais influenciado pelo pensamento de Hegel e menos pelo de Marx do que o que se refere a esta transposição da liberdade social para o ponto de referência da unidade social: a sociedade não deverá ser apresentada no futuro como uma ordem dirigida centralmente a partir de baixo, das relações de produção, mas sim como um todo orgânico de círculos funcionais independentes, mas que interagem com vista a um objetivo e nos quais, por seu lado, os seus membros podem agir em prol uns dos outros, livremente. No entanto, esta antevisão do socialismo revisto, portanto, a ideia de uma interação sem constrangimentos entre esferas de liberdade intersubjetivas, com vista ao objetivo superior da reprodução social, não pode, por seu lado, ser confundida com uma visão de futuro rígida, imune a qualquer mudança. Tal como todos os elementos antecipadores desta nova teoria, relacionados com a configuração do futuro, esta visão «suprema» também tem de ser entendida como um simples esquema de orientação que se limita a definir a direção da busca experimental de possibilidades institucionais de concretização. Por conseguinte, a decisão sobre quais as condições sociais nas diferentes esferas, de acordo com o conhecimento baseado na experiência, que deverão ser criadas para permitir um empenho dos participantes em prol uns dos outros, em pé de igualdade, deve, por seu lado, orientar-se pela consideração superior de uma arte de separações adequadas. Por outras palavras, antes de proceder a qualquer alteração pretendida, deve ser sempre testado se a mesma deixa espaço de manobra autónomo à esfera de ação em causa para esta poder constituir, a longo prazo, um órgão de uma forma de vida democrática que opere segundo as suas próprias normas.

No entanto, este esquema orientador continua a não esclarecer pelo menos duas circunstâncias que, não sendo esclarecidas, retirariam a um socialismo renovado as forças necessárias para motivar uma alteração no agir. Por um lado, o modelo de uma forma de vida democrática até agora esboçado parece dar a impressão fatal de que não necessitaria, nem no presente, nem no futuro, de qualquer instância de controlo que fosse capaz de desencadear as mudanças desejadas, exploradas por via experimental, e de garantir a sua existência a longo prazo sob a forma de um processo de investigação interminável. É que a analogia com o organismo que aqui foi escolhida conscientemente sugere imaginar estes processos de mudança como resultado de uma ação propositada anónima, global – tal como no funcionalismo sistémico dominante – que não exige uma intervenção ativa, investigativa, por parte dos seres humanos[155].

Sendo assim, o esquema orientador esboçado até aqui necessita de uma correção que seja apropriada para mostrar a interação pretendida dos círculos funcionais de liberdade social como o ponto a partir do qual os necessários processos de mudança, delimitação e adaptação poderiam ser conduzidos. Só quando esta instância de orientação reflexiva for identificada é que o socialismo renovado compreenderá claramente onde terá de atuar em primeiro lugar para desencadear as experiências no organismo social por ele recomendadas. Porém, isto não é suficiente. A visão do futuro esboçada até agora também não é clara relativamente ao ponto de referência social para a ideia de uma forma de vida democrática. A resposta a esta questão

---

[155] Cf. a crítica desta premissa da teoria da diferenciação dominante: Uwe Schimank, «Der mangelnde Akteursbezug systemtheoretischer Erklärungen gesellschaftlicher Differenzierung», em: *Zeitschrift für Soziologie*, 14 (1985), p. 421-434.

pressupõe geralmente, ainda que sem um exame prévio, que este ponto de referência deve ser a sociedade circunscrita aos Estados-nação, dentro de cujas fronteiras deveria ser possível concretizar os processos de mudança necessários. Contudo, este pressuposto tornou-se altamente implausível, devido à interdependência crescente entre os Estados individuais e os processos de transnacionalização que lhe estão associados, pelo que o socialismo também tem de reabrir completamente o velho dossiê da sua relação com o Estado-nação([156]).

A primeira das duas lacunas ainda existentes levanta o difícil problema da necessidade de imaginar simultaneamente a interação, segundo o modelo orgânico, das esferas de liberdade independentes umas das outras, de tal forma que o centro ativo que possa assumir duradoiramente as necessárias funções de controlo e de demarcação recíproca seja identificável. Além disso, a resposta a esta questão toca no importante tema dos destinatários que o socialismo revisto deveria ter em mente, se quer passar a compreender a sociedade como uma estrutura diferenciada, o que o obrigará também a considerar os atores numa multiplicidade de papéis sociais. Agora já não existe simplesmente o antagonismo entre «trabalhadores» e «capitalistas», também existem, com a mesma relevância e dinâmica conflitual, os namorados, membros das famílias, cidadãos políticos. Recordemo-nos, apenas para ilustrar as grandes dificuldades que resultam desta expansão necessária dos grupos de referência, da maneira simples e transparente como socialismo clássico via todo este complexo de temas: negando todas as diferenciações funcionais, a sociedade ainda podia ser pensada como um todo completamente determinado pela esfera económica, de modo que o proletariado podia ser considerado como o destinatário

---

([156]) Sobre a história deste debate muito antigo cf. a coleção de textos com comentários exaustivos de Georges Haupt/Michael Lowy/Claudie Weill, *Les marxistes et la question nationale 1848-1914*. Études et textes, Paris 1949.

exclusivo da própria teoria, porque, tal como no passado e no presente, também no futuro ele continuaria a manter na sua mão a alavanca central para a configuração da sociedade, graças ao seu trabalho produtivo. Se, agora, por boas razões, o determinismo económico for abandonado e substituído, com a devida cautela, pelo pressuposto da existência de uma autonomia normativa de áreas funcionais essenciais, então parece não poder continuar a existir *um* ator que, devido à sua atividade no setor considerado determinante, assegure ainda também a configuração futura da esfera privada e do sistema de ação político. Pelo contrário, parece emergir uma pluralidade de grupos de atores com funções específicas aos quais cabe a configuração do seu próprio domínio, de modo que existe o risco de o nosso socialismo esclarecido em termos de teoria social perder o seu interlocutor decisivo. Só existirá uma saída deste mal-estar resultante de ter de dirigir mensagens diferentes, em certa medida específicas para cada uma das esferas, a destinatários completamente diferentes, se for possível encontrar uma resposta positiva à pergunta anterior acerca da possibilidade de existência de um centro de controlo no meio de todas as autonomias normativas atuais. Nesse caso, os sujeitos ativos neste centro poderiam funcionar como aquele coletivo que um socialismo revisto procuraria influenciar com a sua visão de uma forma de vida democrática, a fim de o motivar para proceder a descobertas experimentais.

As sugestões de John Dewey podem ajudar-nos, mais uma vez, também neste ponto, já que foi ele provavelmente o primeiro a debruçar-se de forma sistemática sobre a questão de saber qual seria o órgão social que, numa sociedade complexa, poderia assumir o controlo reflexivo de um processo de crescimento entendido como desejável[157]. No entanto, na obra de Émile Durkheim já se encontram reflexões semelhantes, num contexto

---

[157] Cf. Dewey, *Die Öffentlichkeit und ihre Probleme, ibidem.*

intelectual diferente([158]). Depois dele, foi Jürgen Habermas que se debruçou com mais determinação sobre a mesma questão, na sequência das propostas desenvolvidas anteriormente([159]). A solução que John Dewey oferece para o problema esboçado passou, entretanto, a fazer parte do património comum do pragmatismo e pode entender-se como um desenvolvimento da sua ideia, já referida por mim, de que só é possível descobrir potencialidades sociais desaproveitadas para a transformação social através de uma comunicação tão ilimitada quanto possível entre todos os envolvidos([160]). Se prosseguirmos esta ideia, perguntando-nos qual a instância dentro de uma sociedade com funções estruturadas que deverá assumir a tarefa de orientação integrativa, é evidente que esta será o órgão institucional da «opinião pública», no qual todos os envolvidos podem participar de forma tão livre de constrangimentos e impedimentos quanto possível. De facto, dada a multiplicidade de vozes ouvidas e de perspetivas registadas, a sua interação permitiria aperceber-se rapidamente dos problemas existentes, tanto ao nível de cada esfera, como na coordenação entre elas, e, por conseguinte, apresentar diversas propostas de solução passíveis de serem verificadas. Portanto, traduzido novamente para a linguagem organicista que utilizei até agora, conclui-se do pensamento de Dewey que, entre os sistemas de ação na sociedade, aquele que pode cumprir a função de um controlo reflexivo do processo orientado para um fim é aquele cuja tarefa é proporcionar

---

([158]) Durkheim, *Physik der Sitten und der Moral*, ibidem, p. 115ss.

([159]) Jürgen Habermas, *Strukturwandel der Öffentlichkeit. Untersuchungen zu einer Kategorie der bürgerlichen Gesellschaft* [1962], Neuwied/Berlim ⁵1971. No entanto, existiam inicialmente diferenças consideráveis entre a conceção «funcionalista» de Dewey e a conceção «institucionalista» de Habermas (e de Hannah Arendt). Estas tornaram-se tanto menos evidentes quanto mais o último entende a opinião pública apenas como um instrumento da sociedade civil (Habermas, *Faktizität und Geltung*, ibidem, Cap. VIII).

([160]) Ver mais acima, p. 87ss.

um quadro institucional à formação da vontade democrática. A esfera de ação democrática distingue-se, como *prima inter pares*, da interação pretendida entre esferas de liberdade que se complementam funcionalmente, uma vez que constitui o único ponto no qual os problemas provenientes de qualquer ângulo da convivência social podem ser articulados de forma audível para todos e, portanto, encarados como uma tarefa que tem de ser superada por todos. Se acrescentarmos a este papel epistemologicamente precursor da esfera pública política ([161]) o facto de apenas esta possuir o poder de transformar soluções que parecem plausíveis em direito vinculativo, graças à sua influência legitimadora sobre o legislador, não existirão quaisquer dúvidas quanto à sua função de orientação: é a esfera pública democrática dos cidadãos deliberantes que, no âmbito da interação colaborativa de esferas de liberdade independentes, assume o papel de controlar a adequação de toda a estrutura orgânica e, se necessário, de corrigir os seus elementos internos. Porém, o modo de diferenciação funcional que parecia, até agora, desenrolar-se de forma autónoma, torna-se, assim, mais uma vez, uma questão relevante para a formação da vontade democrática ([162]): aquilo que, no organismo vivo, se realiza automaticamente, graças a um plano interno (o amadurecimento através da interação entre órgãos que se apoiam reciprocamente e que dependem uns dos outros), no processo de vida democrático seria assumido pelos seus responsáveis, através da sua ação corretiva – com recurso ao instrumento da deliberação pública, criado por eles próprios – sobre os resultados sedimentados de toda a sua atuação.

([161]) Para o papel epistemológico dos movimentos que se formam e articulam dentro da esfera pública democrática cf. Elizabeth Anderson, «The Epistemology of Democracy», em: *Episteme. A Journal of Social Epistemology*, 3/1 (2006), p. 8-22.

([162]) Sobre esta perspetiva: Hans Joas, *Die Kreativität des Handelns*, Frankfurt/M. 1992, Cap. 4.3.

Esta perspetiva daquilo que constitui o conceito de uma vida democrática na sua plenitude oferece, naturalmente, também resposta à questão de quem deverá um socialismo renovado considerar como destinatário do seu apelo para prosseguir corajosamente o caminho, já iniciado no passado, de expansão das nossas liberdade sociais com recurso a uma busca experimental. De facto, só os próprios cidadãos reunidos na esfera pública democrática é que poderão ser conquistados, através do encorajamento a uma ação reformadora, para iniciar a eliminação prudente das barreiras e bloqueios que ainda impedem a concretização de uma reciprocidade espontânea em todas as esferas centrais da sociedade. Não há classe social – quer seja o proletariado industrial, quer os trabalhadores espoliados – nem movimento social que possam ser considerados atualmente como grupo de referência principal do socialismo. Pelo contrário, o socialismo deveria tentar influenciar todo o círculo daqueles que, dentro da esfera pré-estatal da cooperação democrática, estão dispostos a escutar queixas relativas a problemas, discriminações e exercício de poder indicativos de restrições sintomáticas à liberdade social dentro das diversas esferas sociais. Além disso, como vimos, a partir do momento em que a tese de uma qualquer disponibilidade revolucionária ligada à situação social se desmoronou como um castelo de cartas, as classes ou os movimentos sociais já não podem servir de garante do sucesso futuro de um socialismo renovado ([163]). Pelo contrário, tal como também foi dito anteriormente, o socialismo deveria substituir toda a crença na missão destas subjetividades coletivas na história mundial pela convicção de que a linha de progresso documentada na sequência de conquistas institucionais não admite uma interrupção arbitrária e, portanto, também prosseguirá no futuro. Ora, nesse caso, o facto de o socialismo estar, hoje, perante um destinatário na

---

([163]) Ver acima, p. 103s.

esfera pública democrática que não constitui uma subjetividade coletiva não representa qualquer desvantagem, antes pelo contrário, uma vez que este destinatário muda constantemente a sua composição social, possui fronteiras pessoais pouco claras e representa, em termos gerais, uma entidade frágil e bastante flutuante. É precisamente esta abertura, esta atenção constante aos mais diversos temas e perspetivas que oferece a única garantia de que as queixas sobre limitações à liberdade provenientes de todos os cantos da sociedade possam ser efetivamente ouvidas, de modo a serem, depois, testadas pela narrativa de uma história de progresso prosseguida na prática. Por conseguinte, ver doravante os cidadãos reunidos no espaço público como os interlocutores das próprias embaixadas não significa apenas abandonar definitivamente a ilusão de um portador do socialismo fixo e existente *a priori*. Significa, sobretudo, querer representar politicamente, a partir de agora, os esforços emancipatórios em todos os subsistemas da sociedade contemporânea com base na ideia normativa central de «liberdade social». Se o socialismo aspira hoje a algo mais do que a simples eliminação da servidão e do trabalho alienado na esfera económica, isto é, se aspira à superação do constrangimento, do domínio e da coerção nas relações pessoais e na formação da vontade democrática, só poderá encontrar aliados para o seu objetivo normativo nas arenas da esfera pública política. De facto, é só nesta última que o socialismo encontra os membros da sociedade em papéis que lhes permitem empenhar-se em prol de melhorias também quando e onde os seus próprios interesses não são diretamente afetados. Por isso, o socialismo, hoje, é sobretudo um assunto de cidadãos políticos e não de trabalhadores assalariados – mesmo que também seja pelos interesses destes últimos que se deva continuar a lutar no futuro.

Resta a questão difícil, que remonta longe na história do movimento dos trabalhadores, de saber se o socialismo deverá ser entendido como um projeto de caráter nacional ou como um projeto fundamentalmente internacionalista. A resposta a esta questão é muito mais difícil do que pode parecer face à situação atual, na qual estamos a assistir a uma dissolução crescente das fronteiras dos Estados nacionais. Por um lado, hoje – de qualquer modo, mais do que no século XIX, quando o movimento começou – quase tudo favorece a tese segundo a qual a visão do socialismo deve ser interpretada como um projeto político-social que só pode ser realizado para além das fronteiras dos Estados nacionais. De facto, a regulamentação normativa das diversas esferas de ação parece estar de tal modo fora do controlo «soberano» dos Estados individuais que dificilmente poderá continuar a ser considerado possível realizar todas as melhorias visadas pelo socialismo nestas esferas apenas no interior de cada Estado. Basta pensar no sistema económico capitalista onde existe há muito uma rede de conexões e interligações operacionais a nível internacional demasiado fortes para que os atores dos Estados nacionais ainda pudessem ter suficiente controlo sobre eles. Portanto, a doutrina socialista deveria por assim dizer acompanhar a tendência para a interdependência crescente entre os Estados, colocando as experiências de aplicação das liberdades sociais por ele iniciadas a um nível que deixa de ter em conta as fronteiras estatais. E, uma vez que, tal como acabámos de ver, as iniciativas para procurar estas experiências têm sempre de partir, de alguma forma, da esfera pública democrática, esta última também necessitaria em breve de uma transnacionalização o mais ampla possível, para poder fazer frente às forças contrárias que operam a nível internacional. Mas tudo isto não só é mais fácil de dizer em termos teóricos do que é de concretizar na prática[164]. Além disso, também não corresponde completamente à realidade social, que apresenta

---

[164] Cf. sobre as dificuldades: Kate Nash (Org.), *Transnationalizing the Public Sphere*, Cambridge 2014.

mais assincronias do que o discurso sobre a «sociedade mundial» está disposto a admitir([165]).

As dificuldades começam quando é preciso explicar que as esferas de ação, diferenciadas anteriormente, foram enredadas, em graus muito diversos, na tendência para a regulamentação a nível global e não ao nível dos Estados nacionais. Assim, o sistema económico constitui, hoje, uma esfera controlada e regulamentada em grande parte pela «sociedade mundial», mas o mesmo não se aplica à esfera da família, das relações íntimas e das amizades, cuja constituição interna continua a ser determinada em grande parte pelo quadro normativo e jurídico-político de um país ou de horizontes culturais supranacionais. Enquanto o casamento entre homossexuais começou a afirmar-se na Europa como uma prática legítima e legal, continua a ser impensável noutras regiões devido às tradições ali dominantes. A segunda dificuldade consiste no facto de as ordens sociais diferenciadas funcionalmente, com as quais o socialismo renovado conta, ao contrário dos seus antecessores, necessitarem de um alto grau de garantias proporcionadas pelas constituições e pelos direitos fundamentais, para permitir aos seus membros uma mudança espontânea entre diversos papéis. Enquanto estes regulamentos do direito constitucional forem criados e garantidos por Estados de direito singulares, que, neste sentido, continuam a ser soberanos, não será seguramente aconselhável deixar de atribuir por completo às sociedades nacionais qualquer papel no quadro dos processos de diferenciação social([166]). A tese avançada por

---

([165]) Sobre esta questão, contributos muito úteis: Forschungsgruppe Weltgesellschaft, «Weltgesellschaft: Identifizierung eines "Phantoms"», em: *Politische Vierteljahresschrift*, 37/1 (1996), p. 5-26; Lothar Brock/Mathias Albert, «Entgrenzung der Staatenwelt. Zur Analyse weltgesellschaftlicher Entwicklungstendenzen», em: *Zeitschrift für Internationale Beziehungen*, 2/2 (1995), p. 259-285.

([166]) Tyrell, «Anfragen an die Theorie der gesellschaftlichen Differenzierung», *ibidem*, p. 187.

Ulrich Beck, segundo a qual, doravante, se deveria pensar, ao nível «metodológico» da teoria social, apenas em categorias cosmopolitas([167]), foi precipitada, porque não tinha em conta o facto de vastas áreas da nossa realidade social continuarem a ser bastante determinadas por regulamentos que só são válidos a nível nacional. A terceira dificuldade com a qual a tentativa de uma renovação do socialismo se confronta resulta, por fim, da existência de um lapso temporal entre o facto da internacionalização crescente e a consciência social da mesma. Ainda que, atualmente, as regras normativas de cada uma das esferas de ação sejam cada vez mais determinadas a nível transnacional, uma parte significativa da população continua a atribuir aos órgãos dos «seus» próprios Estados nacionais a capacidade de promulgar e alterar estas regras de acordo com procedimentos democráticos. Seria certamente incorreto interpretar este desfasamento da opinião pública como consequência de falta de sentido da realidade ou até como o sinal da muito apregoada idolatria da consciência da vida quotidiana. Pelo contrário, este desfasamento deve ser interpretado como uma expressão da necessidade político-prática de atribuir processos importantes a instâncias geralmente visíveis no mundo dos próprios cidadãos às quais é possível exigir que prestem contas ou intervenham. Porém, seja qual for a interpretação correta deste desfasamento temporal, portanto, do lapso entre o desenvolvimento de facto e a consciência pública do mesmo, ele representa, em todo o caso, um obstáculo dificilmente superável para a intenção de um socialismo renovado, já que, por um lado, não é possível ignorar simplesmente o «atraso» da consciência dos cidadãos, porque é necessário conquistar os seus interesses e as suas vontades para o projeto normativo; por outro lado, não é possível

---

([167]) Ulrich Beck/Edgar Grande, «Jenseits des methodologischen Nationalismus: Außereuropäische und europäische Variationen der Zweiten Moderne», em: *Soziale Welt*, 61 (2010), p. 187-216.

negar pura e simplesmente a verdadeira dimensão da perda de soberania dos Estados só para obter tão rapidamente quanto possível o consenso público. Se no primeiro caso existe o perigo de vanguardismo ou elitismo, no segundo corre-se o risco de populismo.

Estes desfasamentos e estas discrepâncias tornam ainda mais evidente como seria imprudente e precipitado entender hoje o socialismo *a priori* e sem outras diferenciações como um projeto «internacionalista». É certo que não visa senão promover uma procura de experiências a nível mundial que se deixem orientar pelo objetivo da criação de uma forma de vida democrática. É necessário que, sob o seu patrocínio espiritual, se façam em todos os países as tentativas possíveis para criar condições de reciprocidade espontânea e igualitária nas diversas esferas das relações pessoais, da atividade económica e da formação da vontade política que se complementem entre si na totalidade orgânica de uma forma de vida. O socialismo, neste sentido normativo, constitui – como não podia deixar de ser – um empreendimento «cosmopolita» ou «internacionalista». É necessário dirigir um apelo não só aos cidadãos dos Estados europeus ou das regiões economicamente desenvolvidas, mas sim aos cidadãos de todos os países para que concretizem os princípios da liberdade, igualdade e fraternidade, estabelecidos pela Revolução Francesa, numa forma superior à do liberalismo, para que a sociedade se torne de facto «social». Se queremos que esta visão constitua o vínculo comum que una espiritualmente as experiências realizadas nos mais diversos lugares com vista ao alargamento das nossas liberdades sociais, o socialismo tem de ser simultaneamente mais do que um mero internacionalismo entendido no sentido normativo. Ele deve poder entender-se, também do ponto de vista organizativo, como um movimento mundial, no qual os projetos realizados a nível local se complementam reciprocamente no sentido de favorecerem os esforços sociopolíticos desenvolvidos em qualquer outro lugar. Expressa numa única fórmula, a regra para este tipo de internacionalismo socialista poderia ser a seguinte: as intervenções experimentais feitas numa determinada região deveriam poder sempre aumentar também as probabilidades de sucesso das experiências realizadas noutras regiões. E se estas interdependências se revelassem tão fortes que só fosse possível testar com sucesso intervenções realizadas a nível mundial – como, por exemplo, no caso do imposto sobre o capital para uma redistribuição sustentável, proposto por Thomas Piketty – ([168]), deverá aplicar-se de facto o princípio comparativamente mais alto segundo o qual é necessário influenciar os decisores políticos em todos os Estados através de ações coordenadas e simultâneas. De qualquer modo, estes dois elementos, isto é, a complementaridade recíproca e a interligação à escala mundial de experiências iniciadas sobretudo a nível local, estão associados à condição da existência de uma organização centralizada que opere a nível global e que – seguindo o modelo da Amnistia Internacional ou da Greenpeace – recorra a representações no maior número de países possível, assumindo o trabalho de coordenação necessário. Portanto, se o socialismo quer estar à altura das alterações na ordem internacional, tem de seguir o exemplo das organizações não governamentais bem sucedidas a nível global, organizando-se como um órgão representativo, constituído por uma rede internacional, da exigência moral de concretização das liberdades sociais.

Contudo, o socialismo abaixo deste nível de ligação organizativa para além de todas as fronteiras de Estados nacionais tem de permanecer enraizado nos espaços geográficos que possuem afinidades culturais e jurídicas suficientes para que seja, sequer, possível o surgimento de esferas públicas políticas. De facto, se o socialismo quer procurar antes de mais influenciar o círculo dos cidadãos que se empenham publicamente na eliminação

---

([168]) Piketty, *Das Kapital im 21. Jahrhundert, ibidem*, Cap. 14.

dos problemas sociais, só pode fazê-lo num contexto no qual as atenções e sensibilidades normativas coincidam de tal maneira que, graças às suas perceções convergentes dos problemas, os indivíduos possam estar disponíveis para agir coletivamente. Não importa tanto se estas esferas públicas ainda possuem um caráter nacional ou se já assumiram os primeiros traços de uma forma transnacional. O que interessa é que as sensibilidades normativas dos possíveis destinatários coincidam a ponto de estes poderem entender os problemas não resolvidos na concretização das liberdades sociais como desafios comuns. O socialismo atual, para conseguir uma mobilização prático-política, apesar de toda a necessidade de possuir uma articulação e uma organização mundial, dadas as interdependências globais, tem de agir sempre primeiro a nível local, em campos de referência da ação coletiva razoavelmente transparentes. É por aí que o socialismo tem de começar a tentar conquistar os interessados no projeto ético que visa libertar as potencialidades presentes na ordem social existente de uma reciprocidade mais forte e, portanto, de uma concretização futura da liberdade social.

No entanto, a tensão na qual o socialismo se encontra entre a obrigação de criar redes internacionais e a exigência de uma ancoragem em tradições locais leva à necessidade de o mesmo se apresentar hoje simultaneamente sob duas formas diferentes. Parafraseando uma distinção famosa da autoria de John Rawls[169], talvez possa dizer-se que o socialismo não poderá senão assumir a função de um guardião da liberdade social à escala mundial sob a forma de uma doutrina política, ao passo que a força para a mobilização de esferas públicas concretas, locais, só lhe pode ser conferida sob a forma de uma doutrina com densidade ética, ligada às circunstâncias culturais de determinada região.

---

[169] Cf. John Rawls, «Gerechtigkeit als Fairneß: politisch und nicht metaphysisch», em: Rawls, *Die Idee des politischen Liberalismus. Aufsätze 1978--1989*, Frankfurt/M. 1992, p. 255-292.

Se o socialismo, no seu primeiro papel, enquanto elo de ligação intelectual entre as lutas disseminadas por todo o globo, tem de se abstrair de todas as éticas do mundo da vida, para poder demonstrar a sua compatibilidade com os princípios básicos da liberdade social, no seu segundo papel, enquanto fornecedor de ideias para experiências sociais locais, tem de se reconverter numa «teoria global» (Rawls) abrangente, de uma grande densidade cultural, para poder conquistar os corações e não apenas as mentes dos envolvidos. Também poderia dizer-se que, para o exterior, para aquilo a que se gosta de chamar recentemente «esfera pública mundial», o socialismo pode apresentar-se apenas como uma doutrina «política», neutra do ponto de vista ético, mas para interior, isto é, para os seus destinatários concretos, o socialismo só poderá ser eficaz sob a forma de uma teoria explícita do mundo da vida que seja criadora de sentido ([170]).

O socialismo será tanto maior facilidade em aguentar esta tensão entre as duas formas de uma única ideia quanto mais determinado for na insistência, na sua missão mobilizadora, voltada para dentro, no sentido de uma abertura das dimensões éticas do mundo da vida, tornando-as moralmente sensíveis a interesses externos. Não há esfera pública radicada a nível regional que o socialismo procure influenciar hoje em nome de uma promoção da liberdade social que continue tão isolada em relação ao mundo no seu contexto e a outros regiões do mundo que seja impossível incluir as suas necessidades e os seus desejos dentro das próprias fronteiras. Por conseguinte, ao abordar os desafios comuns, já nenhuma destas esferas públicas pode ignorar a forma como estas reivindicações externas poderiam ser tidas em conta na solução interna destes desafios. Atualmente,

---

([170]) De qualquer modo, o socialismo, para utilizar a linguagem de John Rawls, é uma «teoria global» que, ao contrário de outras «teorias globais», dispõe de razões convincentes para a esperança de se poder transformar um dia na plataforma teórica de um «amplo consenso» nas condições de um «pluralismo razoável».

todos os destinatários coletivos do socialismo são de tal forma atirados para o turbilhão de uma transnacionalização moral que já não podem fechar-se às exigências que lhes são colocadas por outros destinatários. Esta é a tendência de evolução atual na qual o socialismo deve apoiar-se para reduzir continuamente a distância que separa as duas ramificações teóricas. A tentativa, a partir de dentro, para conquistar as esferas públicas em questão para a ampliação experimental das liberdades sociais deve levar o socialismo a fazer ouvir veemente e claramente as vozes de todos os grupos até agora excluídos, de modo a ter em conta os seus interesses na procura de soluções adequadas. Quanto maior for o sucesso desta inclusão dos outros na descoberta conjunta, aqui e agora, de possibilidades futuras de alargamento da liberdade, tanto mais reduzida será a distância que separou até à data as duas formas teóricas do socialismo. De facto, a inclusão de cada voz «vinda de exterior» nos processos de procura locais alarga o círculo daqueles que podem ser considerados participantes na busca de esfera pública e, portanto, destinatários de uma doutrina ética abrangente. A questão de saber se este caminho de abertura das esferas públicas originalmente locais permitirá colmatar alguma vez a lacuna entre as duas versões de socialismo ao ponto de as fazer coincidir, por terem um único destinatário, faz parte das questões para as quais ainda não possuem resposta. A única resposta possível volta a estar nas experiências orientadas pela ideia de liberdade social através das quais procuramos delimitar passo a passo um futuro indeterminado, com o objetivo de nos apropriarmos dele através de tentativas.

É com estas considerações prospetivas que chego ao fim da minha tentativa de libertar o socialismo do peso morto da estrutura conceptual enraizada no século XIX, para lhe atribuir uma forma adequada ao nosso presente. Foram necessários vários desvios, foi indispensável recorrer frequentemente a outras tradições de pensamento para criar os fundamentos teóricos capazes de elaborar uma versão que continue a ser convincente do objetivo normativo fundamental de harmonização dos princípios da liberdade, igualdade e solidariedade, com vista à superação do liberalismo a partir do seu interior. Não só foi necessário abandonar definitivamente a ideia do proletariado enquanto sujeito revolucionário, substituir a conceção de história dos pais fundadores por um experimentalismo histórico e adaptar o princípio orientador da liberdade social às condições da diferenciação social, como, na sequência destas alterações, também foi sobretudo necessário renovar a visão antiquada de uma sociedade governada pela economia recorrendo à visão de uma forma de vida democrática. Em síntese, o socialismo, na sequência das revisões assim realizadas, acabou por assumir uma forma na qual a maioria dos seus antigos apoiantes terá seguramente dificuldade em reconhecer os elementos que tinham considerado como constituindo o objetivo próprio e o impulso teórico do mesmo. Parece ter acabado a confiança na existência de uma tendência para a autodestruição inerente ao capitalismo, assim como a esperança na existência de uma classe gerada pelo próprio capitalismo que já trazia em si o germe de uma sociedade nova. No entanto, aqueles que, por causa destas desilusões, têm dúvidas quanto à minha proposta de revisão, deverão perguntar-se se a sua insistência rígida nas suas amadas ilusões não os levará a talvez a última oportunidade de voltar a conferir ao seu próprio projeto esperanças fundadas na sua exequibilidade futura. Seria muito mais realista fundamentar, hoje, a esperança numa futura possibilidade de mudança da ordem existente não na força de uma qualquer classe, mas sim nos indícios de um progresso social que aponta para o futuro e em cujo surgimento o próprio socialismo esteve na linha da frente nos dois últimos séculos. E corresponderia muito mais exatamente a uma alteração da consciência dos conflitos atuais se o socialismo se tornasse o advogado moral do alargamento da liberdade não só nas relações de produção, mas também nas relações pessoais e nas possibilidades de participação nas codecisões políticas.

Se a ideia de liberdade social for aplicada a todas as três esferas constitutivas das sociedades modernas, como acabei de esboçar nas minhas considerações, portanto, se for utilizada não só no domínio da atividade económica, mas também no domínio da formação da vontade política e no das relações pessoais, revelar--se-á, em toda a sua amplitude, aquilo que o socialismo tem a defender hoje com as suas visões originais. O que o socialismo defende, no contexto do capitalismo estruturado segundo os princípios da democracia liberal, é a tendência histórica para superar gradualmente as dependências e exclusões sociais, sublinhando, sempre e em toda a parte, que, nas condições atuais, ainda não é possível uma concretização da interação prometida entre liberdade, igualdade e solidariedade. Para tal, segundo a convicção socialista, seria necessário começar por transformar todos os campos de ação centrais, o que criaria as condições prévias institucionais para que os membros da sociedade pudessem agir espontaneamente em prol uns dos outros. Portanto, esta forma de socialismo não poderá contentar-se com a perspetiva de uma eliminação da heteronomia e do trabalho alienado na esfera económica, porque sabe que a sociedade moderna não se tornará genuinamente social enquanto continuarem a existir constrangimentos, pressões e coações nas duas outras esferas das relações pessoais e da formação da vontade democrática. Portanto, em comparação com a compreensão teórica dos seus pais fundadores, este socialismo revisto pretende, ao mesmo tempo, mais e menos: por um lado, nas suas visões de um futuro melhor, não se pode limitar à conceção político-económica de socializar o domínio da atividade económica através de medidas adequadas, uma vez que, entretanto, aprendeu que ainda é necessário garantir condições de liberdade social também nas relações familiares e amorosas, assim como nos processos de formação da vontade pública. Por outro lado, ao contrário dos seus antepassados, já não pode apoiar-se na ideia de uma qualquer inevitabilidade histórica, devendo, por conseguinte, identificar aquilo que deve ser conseguido nas diversas esferas através de novas buscas experimentais, utilizando os novos conhecimentos daí decorrentes.

No entanto, apesar das constantes readaptações de fins e meios, aquilo que um socialismo revisto não pode perder de vista, aquilo para que deve continuar a apontar, olhando retrospetivamente para os encorajantes sinais históricos das reformas já conseguidas, é uma forma de vida social na qual a liberdade individual não prospere à custa, mas sim com a ajuda, da solidariedade. Não conseguiria referir, por fim, melhor imagem para este objetivo do que a de uma interação espontânea de todas as liberdades sociais na diferença das suas funções específicas: a nossa sociedade só se tornará social no pleno sentido da palavra quando todos os seus membros puderem satisfazer as necessidades partilhadas de intimidade física e emocional, de independência económica e de autodeterminação política com todos os outros de tal modo que possam confiar na participação e ajuda dos seus parceiros de interação.

Posfácio

As duas faces do socialismo

I

A queda do muro de Berlim marca o começo de um longo período de declínio das tentativas de concretização real das ideias socialistas e, por consequência, da própria ideia de socialismo. Incapaz de competir com um modelo capitalista crescentemente neoliberal, assente na conjugação entre a superioridade material que a coordenação económica atomizada supostamente lhe confere e a mutabilidade que demonstra na adaptação às várias esferas de mediação social, o socialismo não comporta hoje as mesmas promessas de emancipação e progresso que animavam as suas primeiras lutas. Mas a expiação dos fracassos dificilmente se pode limitar a acusações dirigidas aos inimigos declarados, aqueles que, rejeitando o socialismo, contribuíram para o seu enfraquecimento – ocorre-nos aqui, no campo da história das ideias, Leszek Kołakowski, Karl Popper e Friedrich von Hayek, os dois últimos pertencentes à Sociedade *Mont Pèlerin*, cujo laborioso «caminho de resistência» e disseminação intelectuais mereceria maior atenção –, nem à constatação de que não conseguiu concorrer com um sistema de organização social que faz da competição o seu modo de vida. É que, independentemente das contingências históricas que contribuíram para o enfraquecimento das alternativas socialistas às sociedades autocráticas, liberais e sociais-democratas, cujos fundamentos são compatíveis com os princípios organizadores do capitalismo, a origem e o desenvolvimento da ideia de socialismo acontecem num período concreto da história europeia que, apesar da herança igualitária da Revolução Francesa, continha já os elementos suficientes para a apreciação da essência quer da sociedade de mercado, quer do industrialismo em expansão. O socialismo, enquanto movimento histórico, surgiu nas condições herdadas pelos homens que viveram nessa época; mas o adágio de Marx, que nós aqui adaptamos, não impediu o seu artífice de projetar a ideia de socialismo para o futuro, tal como exortou os seus contemporâneos a realizar a revolução social do século XIX liquidando «radicalmente toda a supersticiosa veneração pelo passado»([171]). Com as suas duas faces de Janus, o socialismo vive em estado de permanente indecisão – dividido entre fações que observam, à vez, o passado, o presente ou o futuro, não cessa nunca de encontrar uma base sólida sobre a qual a sua essência se possa cumprir.

II

No campo da filosofia política, os últimos cinquenta anos são indelevelmente marcados pela predominância da teoria liberal de justiça do filósofo americano John Rawls. O diálogo mantido entre Rawls e Habermas, cuja disputa redundou, arriscamos, numa maior influência do trabalho do primeiro sobre o do segundo, contribuiu ainda para a capitulação da ideia central do socialismo na sua versão marxista: a de que este consiste num

---

([171]) Karl Marx, *O 18 do Brumário de Luís Bonaparte*, Coimbra: Centelha, 1975.

modo de organização social, cuja superioridade depende não da aplicação universal de princípios normativos (Marx e Engels tenderam sempre a combater todas as variantes do socialismo ético, segundo as quais a nova ordem socialista constituiria um «ideal»([172])), mas sim das expectativas e obrigações que o socialismo venha a gerar no interior da comunidade, voluntariamente formada. A influência de teorias liberais de justiça sobre o pensamento político contemporâneo, teorias essas assentes na produção de princípios normativos importados da visão universalista que o liberalismo encerra, fez deslocar boa parte do debate filosófico e do discurso político para questões cuja abordagem pressupõe a validade universal dos princípios normativos da sociedade liberal – veja-se, por exemplo, o fértil campo das teorias globais de justiça. A tensão entre a afirmação de pretensos valores universais e a defesa de formas de determinação autónoma dos coletivos, que Habermas tentou solucionar no seu *Fäktizitat und Geltung*, atravessa todo o projeto político socialista e ajuda a compreender a solução do internacionalismo nacionalista, em si mesmo uma concessão instável ao conflito entre universalismo e contextualismo.

No plano da definição do socialismo, a interpretação de Marx é compatível com preocupações contextualistas, pois a própria noção de socialismo é tida como dependente das condições histórico-sociais específicas de cada lugar; mas, no plano da aplicação, o socialismo não pode ser implementado numa escala que não lhe permita controlar o mínimo de condicionantes sistemáticas necessárias para o seu sucesso. A possibilidade do contextualismo, que em Habermas subsiste, de forma mitigada, através da autodeterminação democrática do coletivo e da facticidade do direito, representa ainda uma demarcação teórica com implicações mais vastas do que as que decorrem da defesa

---

([172]) Cf., Norman Geras, «The controversy about Marx and justice», *New Left Review* 150 (1985): 47.

da autonomia política enquanto valor absoluto. Não podendo abordar aqui o projeto habermasiano, que, por si só, exigiria uma exposição prolongada, salientemos apenas uma das causas para a divergência teórica entre Honneth e Habermas: a aproximação do segundo a Kant é apenas igualada pela aproximação do primeiro a Hegel. À influência da filosofia moral universalista e à filosofia política cosmopolita de Kant, Honneth contrapõe o contextualismo da filosofia social de Hegel e, secundariamente, a sociologia moral de Durkheim. E fá-lo, inevitavelmente, em referência à hegemonia teórico-prática do liberalismo, que entronizou a autonomia abstrata do credo liberal kantiano.

Assim, tal como Rainer Forst[173], também ele um importante sucessor de Habermas, Honneth posicionou a sua obra em resposta ao cânone liberal, assumindo, contudo, uma posição substancialmente mais crítica do que estes em relação às interpretações liberais das noções de justiça e liberdade. Uma das críticas do autor tem por objeto a ideia liberal de liberdade, cujo conceito dicotomizável nas variantes positiva e negativa, tal como definido por Isaiah Berlin, depende ainda da premissa que coloca o indivíduo no centro simultaneamente ativo e passivo da ideia de liberdade; em oposição a este substrato metodológico, Honneth recorre à reconstrução hegeliana da própria noção de indivíduo, cujo processo acontece em razão de instâncias consecutivas de reconhecimento e desrespeito. A teoria de reconhecimento que Honneth desenvolve em *A Luta pelo Reconhecimento*[174], que mantém a sua centralidade na obra recente do autor, procura completar a filosofia social de Hegel, esboçada em *System der Sittlichkeit* e na *Jenaer Realphilosophie*. Evitando a deslocação destes processos da observação das práticas socialmente imanentes para a identificação tautológica de

---

[173] Veja-se, por exemplo, Rainer Forst, *Das Recht auf Rechtfertigung*, Frankfurt: Suhrkamp, 2007.

[174] Axel Honneth, *A Luta pelo Reconhecimento – Para uma Gramática Moral dos Conflitos Sociais*, Edições 70, 2011.

estruturas idealizadas no progresso do espírito – erro de que Hegel é acusado –, Honneth procura reconstruir o processo de produção de valores e normas dentro de cada uma das estruturas nas quais se desenrolam processos de reconhecimento e de formação de identidade. Com o precioso auxílio de Meade e Parsons, de cujos trabalhos Honneth se socorre para atualizar a intuição hegeliana da interdependência entre práticas sociais e a determinação de normas contextuais, é por fim possível dar sustento a uma nova conceptualização da ideia de liberdade baseada na *Filosofia do Direito* de Hegel, que substitui o individualismo metodológico do pensamento filosófico liberal pelo reconhecimento mútuo entre sujeitos, enquanto pedra basilar da liberdade social.

Transposta das várias estruturas simples (a relação de amizade, a relação íntima e a familiar) para o plano da sociedade, «liberdade social» em Honneth significa fazer dos interesses e necessidades do outro condições da nossa expressão individual, mas de uma maneira plena e totalmente dependente do reconhecimento mútuo das relações de reciprocidade que a própria existência de sociedade requer – a cooperação social baseada na instituição de vontades individuais e comuns, que Marx tinha em mente na fase inicial da sua obra([175]). No seu *Das Recht der Freiheit*, e de forma mais acentuada na presente obra, Honneth elege a comunidade como o *locus* privilegiado das relações de reconhecimento e cooperação mútuas, indispensáveis para o aprofundamento do alcance da liberdade social. O «individualismo holístico» a que Honneth alude pretende simbolizar o reconhecimento, por parte do membro da sociedade, de que a sua individualidade não pode ser entendida exclusivamente num sentido puramente negativo ou positivo, mas antes como fazendo parte de um todo, do qual se alimenta e para o qual contribui, expandindo-o.

([175]) A este respeito, ver Daniel Brudney, *Marx's Attempts to Leave Philosophy* (Cambridge, MA: Harvard University Press, 1998).

A reinterpretação da relação entre as várias conceções de liberdade, à luz da aproximação a uma liberdade absoluta que de todas as suas manifestações incompletas se sacia, obriga a uma releitura do nexo histórico das ideologias enquanto regimes, quase visões do mundo. Assim, um dos equívocos da tradição socialista pós-marxista terá sido ver o liberalismo permanentemente como «inimigo natural», incluindo as suas conceções de liberdade. Em vez de coordenar a ideia de «liberdade social» cooperativa com as outras liberdades, como imaginado por Hegel e indiretamente admitido pelos socialistas que aspiravam à criação de cooperativas de produtores e sindicatos de trabalhadores *dentro* da esfera de transações económicas possibilitada pelas estruturas jurídicas de proteção da liberdade individual, o movimento socialista afastou possíveis aliados (socialistas moderados e republicanos de esquerda) que encaravam a proteção face à coerção externa como um significativo progresso social. O mesmo é válido hoje: apesar de correntes contemporâneas como o neorrepublicanismo de Phillip Pettit[176], esta armada do conceito de «liberdade enquanto ausência de dominação», idealizar ainda o indivíduo como agente que persegue os seus interesses *individualmente*, contra o exterior, a ideia de socialismo baseada na liberdade social recíproca só a custo se pode livrar dos outros conceitos de liberdade de que ela própria necessita.

Importa notar que o potencial de a «liberdade social» contribuir para a expansão da liberdade total da sociedade, que já tinha sido beneficiado pelo estabelecimento de instâncias de liberdade jurídica e de liberdade moral, surge em *Das Recht der Freiheit* novamente como resposta a teorias liberais de justiça, que preservam não só a dicotomia entre liberdades positiva e negativa inspirada em Berlin, mas também um dualismo esquemático

---

[176] Phillip Pettit, *Gerecthe Freiheit. Ein moralischer Kompass für eine komplexe Welt*, Berlim 2015.

no campo da economia política: a desconexão entre produção e distribuição. Porque a concretização de liberdades positivas depende da distribuição material, teorias liberais de justiça, pensadas para sociedades organizadas, do ponto de vista da produção, sob os princípios da economia política do liberalismo, redundaram, no campo da economia política, na generalização de teorias de justiça distributiva. Ora, um dos problemas atuais que servem de contexto à presente contribuição de Honneth advém justamente da dificuldade em encontrar alternativas a teorias liberais de justiça distributiva, cuja ênfase nesta face da economia política foi antecipada por considerações similares nos socialistas reformistas da segunda metade do século XIX. Na *Crítica ao Programa de Gotha*, que Marx vê dominado pelas teses reformistas de Lassalle, o socialismo já se encontra politicamente colonizado por valores liberais, que acabam por se refletir nas perspetivas de crítica económica:

> Vulgar socialism (and from it in turn a section of the democrats) has taken over from the bourgeois economists the consideration and treatment of distribution as independent of the mode of production and hence the presentation of socialism as turning principally on distribution. After the real relation has long been made clear, why retrogress again?([177])

O regresso a uma economia política que Marx considerava então já obsoleta – fatal ironia – é hoje a realidade das ciências económicas e teorias políticas dominantes. Paradoxalmente, a insistência na recusa deste «retrocesso» complicou as perspetivas de resolução teórica do problema e ajudou à vulgarização da crítica político-económica marxista, já em voga no final da vida deste. Mais tarde, face às insuficiências do monumental projeto

---

([177]) Karl Marx, *Critique of the Gotha Programme*, Marx/Engels Selected Works, Volume Three, Progress Publishers, 1970, p. 13-30.

de política económica de Marx, percebe-se que teóricos como Rudolf Hilferding, Piero Sraffa e Paul Sweezy([178]) se tenham dedicado ao aprofundamento e reorientação da crítica económica original, mas é mais difícil de explicar a transição entre a abolição (ou socialização) da propriedade privada dos mais importantes meios de produção, defendida por Marx, e o desenvolvimento planificado das forças produtivas, que se tornou a concretização económica dominante do socialismo do século XX.

E a defesa de formas de organização económica decorrentes da superioridade intrínseca do planeamento económico centralizado foi, segundo Honneth, fatal para o projeto socialista. Para além do argumento de índole empírica, hoje de certo modo trivial mas discutível até ao final da década de 70, quando o bloco de Leste ainda parecia competir economicamente com o bloco ocidental, variantes desta crítica já tinham sido formuladas por autores tão díspares como Iring Fetscher([179]) ou Friedrich von Hayek([180]).

Enquanto a teoria económica hoje dominante, de feição liberal, se apoia na premissa de que a maior parte das interações de mercado deve permanecer livre de interferências políticas (para além, claro está, da manutenção do *rule of law* protetor da livre iniciativa privada), o socialismo ficou a determinada altura refém da ideia de que apenas uma economia de planeamento central poderia substituir, com sucesso, a economia de mercado capitalista. Mas, perguntemo-nos: devemos rejeitar formas de organização económica coletivizantes na medida

---

([178]) Cf., Rudolf Hilferding, *Finance Capital*, London: Routledge & Kegan, 1981; Piero Sraffa, *Production of Commondities by Means of Commodities: Prelude to a Critique of Economic Theory*, Cambridge University Press, 1977; Paul Sweezy, *Theory of Capitalist Development*, New York and London: Modern Reader Paperback, 1970.

([179]) Iring Fetscher, *Karl Marx und der Marxismus: von der Ökonomiekritik zur Weltanschauung*, Piper Verlag, 1985.

([180]) Friedrich von Hayek, *The Road to Serfdom*, London: Routledge, 1944.

POSFÁCIO | 157

em que não admitem a determinação recíproca e conjunta dos membros que compõem o grupo ou comunidade, ou fazemo-lo em resultado da observação, que Smith ou Hayek partilhariam, de que o planeamento central da produção e da distribuição é menos eficiente do que o descentralizado sistema de encontro entre procura e oferta, através do mecanismo de preços? Aqui, a introdução do reformulado conceito de liberdade social, que o autor vê como solução para o problema da concretização harmoniosa dos três ideais da Revolução Francesa, e que os socialistas do século XIX, de Saint-Simon a Louis Blanc, de Proudhon a Marx, subordinaram a formas de organização socioeconómica distintas (e.g. associações, comunidades, comunas), constitui um passo essencial; contudo, permanece ainda por esclarecer a fonte de força desta terceira forma de liberdade: deverá ainda submeter-se a uma perspetiva produtivista ou deverá apenas preocupar-se com o alcance da maior satisfação dos interesses que os membros da comunidade venham a manifestar, independentemente dos resultados materiais alcançados? O que sustenta, enfim, a esperada expansão que a liberdade social aumentada torna possível: a realização de «progresso» material ou a satisfação de uma moralidade – um reino de fins materiais – baseada na mutualidade?

Por outro lado, ao mesmo tempo que nos é pedido que dispamos o espírito do socialismo da sua roupagem estritamente economicista, especialmente nas manifestações concretas que adquiriu ao longo da sua história, somos ainda incentivados a manter o campo das formas de organização de mercado, sobre as quais se baseiam as manifestações das *Lebensformen* atuais, sob a alçada do pensamento socialista. A resolução desta tensão, imanente à reinterpretação da função da economia política no âmbito do socialismo, terá de encontrar uma base sólida que não se dissolva no ar. Mesmo não sendo possível antecipar a forma concreta dos modelos económicos do futuro, limitados que estamos pela dificuldade de ver para além do nosso tempo, os princípios que devem reger as propostas de reforma económica podem ser construídos a partir da ideia de reciprocidade comunitária e da autodeterminação democrática. Cumprido esse primeiro passo, pode-se então realizar o elemento subjacente à ideia de experimentação e testar a aplicação nas condições atuais do desenvolvimento social. Propostas que incidam na reforma do Estado Social (e.g alteração do contributo dos fatores trabalho e capital no seu financiamento, em prejuízo do segundo), na distribuição de rendimentos (através de medidas que reponham o poder negocial perdido pelos trabalhadores, especialmente por aqueles com menores rendimentos), no desenho de novas formas de economia cooperativa (através, por exemplo, de certas tecnologias de partilha de informação, mas não de gigantes tecnológicos que a pretexto da «satisfação do consumidor» patrocinem o regresso à fragmentação da força laboral) ou na introdução de orçamentos públicos participativos([181]), são passíveis de experimentação, mas a sua viabilidade pode ser antecipadamente avaliada mediante a análise das características empiricamente observáveis de cada economia, das possibilidades permitidas pelo substrato tecnológico de cada uma delas e das condições sociológicas e políticas que enfrentam em cada momento.

Contudo, sob esta perspetiva, a rejeição do determinismo histórico e da possibilidade de identificação de um fim da história, cujo corolário parece ser a instauração do experimentalismo histórico-económico enquanto conceito-charneira da ideia de socialismo, pode, por si só, elicitar o receio do retorno a experiências político-económicas cujos efeitos foram desastrosos, não só para aqueles que foram diretamente afetados, como para a própria «virulência» do socialismo. Não basta, neste

---

([181]) Para uma análise das possibilidades reais de vários modelos de organização socioeconómica tidos como utópicos, ver Erik Olin Wright, *Envisioning Real Utopias*, Vol. 98, London: Verso, 2010.

ponto, proclamar a «abertura» do socialismo à implementação de novos arranjos político-económicos – é preciso averiguar se estes não desfiguram o próprio socialismo que os cauciona. Até que ponto é possível esperar que, de experiências tantas vezes pejadas de incoerências ou reféns de visões político-económicas contrárias ao socialismo honnethiano – temos aqui em mente propostas recentes como o fim do sistema creditício de reservas fracionadas e a fixação automática do processo e ritmo de criação monetária – possa resultar a concretização económica da «liberdade social» honnethiana?

O principal problema, porém, não reside na adoção de um experimentalismo político-económico, que acabaria por surgir espontaneamente sempre que o planeamento económico baseado em teleologias históricas soçobrasse. O problema está na paradoxal regressão do objeto de estudo da crítica económica socialista, que a rejeição da viragem teórica do socialismo da defesa da assunção recíproca de direitos e deveres ao nível da comunidade e da crítica normativa à desigualdade na distribuição de rendimentos e de propriedade, eixos a partir dos quais se orientavam os socialistas utópicos pré-marxistas, para a análise dialética do funcionamento do sistema capitalista, prefigura. É que foi justamente a dificuldade de conceber e aplicar experiências pontuais de socialismo, num contexto duma sociedade capitalista crescentemente internacionalizada, que levou Marx a criticar as propostas económicas de Proudhon, em *A Miséria da Filosofia*, e a embarcar nessa monumental e, em última análise, insuficiente tentativa de dotar o socialismo da ferramenta que lhe faltava: a compreensão do funcionamento político-económico da sociedade capitalista. O regresso a um entendimento por vezes mais próximo do socialismo utópico do que do socialismo de feição marxista resulta tanto do falhanço em oferecer um sistema rival superior ao capitalista, fracasso esse consubstanciado pela queda da URSS, como da constatação de que a crítica económica marxista assentava em premissas erradas. Por isso não podemos deixar de assinalar o paradoxo deste regresso às origens, ao ser proposto numa época em que a sociedade capitalista ainda não atingiu o seu limite de expansão, quer em termos geográficos (ainda há espaço para o aprofundamento do comércio global, mediado por grandes acordos de comércio «livre», e da interligação dos mercados internacionais de capitais, através da remoção de algumas barreiras ao movimento de capitais), quer em termos de intensidade e expansão interna (e.g. a compressão da remuneração do trabalho assalariado, a liberalização de sectores económicos protegidos).

O corolário da teoria crítica de Honneth – na qual reconhecemos alguma da «melancolia de esquerda», filha da desilusão pelos falhanços práticos do socialismo real, de que fala Enzo Traverso ([182]) – consiste na reorientação do foco da análise sistemática do capitalismo da crítica económica marxista, marcada pela procura das suas leis de movimento, para a crítica das premissas morais que permitem o funcionamento dos mercados, esperando assim que daqui nasçam os fundamentos para uma nova política económica. Contra uma conceção totalizante de mercados autorregulados, cristalizada na obtenção do Consenso de Washington no final dos anos 80, e frustradas as expectativas de ver implementado, com sucesso, um sistema de organização económica radicalmente novo, a única crítica sistemática viável do sistema capitalista passa pela adoção de um moralismo económico. Mas, aparte da abertura manifestada em relação a experiências muito concretas, o moralismo económico ainda por definir pode resultar em projetos de economia política tão distintos como a democracia de proprietários rawlsiana, alternativa quer ao capitalismo *laissez-faire* quer ao capitalismo de estado social mas de forte pendor liberal, ou a socialização dos mercados através do aumento da regulação da atividade nas

---

([182]) Enzo Traverso, *Mélancolie de Gauche: La force d'une Tradition Cachée (XIXe-XXIe siècle)*, Éditions La Découverte, 2016.

várias esferas económicas (e.g. legislação laboral, regulação dos mercados financeiros, etc.). Entre um *socialismo* de mercado e a *socialização* dos mercados existem ainda diferenças cruciais que invalidam, porventura, a determinação *a priori* da economia política por vir.

Não estamos, ainda assim, próximos do socialismo ético defendido por Hermann Cohen[183] que, sob a influência de Kant, procurou encontrar na teoria ética deste uma justificação universalista para a defesa do socialismo. Identificamos aqui um propósito mais vasto, cuja novidade se sustenta na reinterpretação da teoria económica de Adam Smith à luz de Hegel[184] e da sociologia económica de Durkheim: o de fundar um moralismo económico cuja normatividade emana das deliberações dos participantes nas estruturas que compõem os vários planos da diferenciação funcional social. No entanto, a ideia da autorregulação moral da profissão ou corporação, que encontramos em Durkheim[185], nasceu num contexto especialmente tenebroso para aqueles que acreditavam no progresso das condições de vida e de trabalho, ao terem de observar com horror as condições indignas de trabalho e de subsistência que tanto fizeram pela expansão das capacidades de produção industrial; tanto para os primeiros socialistas como para Durkheim, a solução para o problema da exploração capitalista teria de ser formulada ao nível da existência real desses problemas, isto é, no espaço ocupado por aqueles que por eles são afetados, nas fábricas, nas comunidades, nas associações. O intento de estabelecer uma ética profissional para a esfera dos negócios, esboçado por Durkheim em *Professional Ethics and Civil Morals*, parte do pressuposto de que certas práticas profissionais, pela sua natureza específica,

---

[183] Hermann Cohen, *Ethik des reinen Willens Werke*, Bd. VII, Hildesheim 1981, pp. 617-637.

[184] Cf., Lisa Herzog, *Inventing the Market: Smith, Hegel, and Political Theory*, Oxford University Press, 2013.

[185] Émile Durkheim, *Professional Ethics and Civic Morals*, Routledge, 2013.

devem levar os seus agentes a derivar normas próprias que, dada a sua excecionalidade, apenas a eles se aplicam, mas que contribuem para a atenuação de conflitos e para o estabelecimento de objetivos comuns. Resta saber se este tipo de empreendimento se adequa aos dias de hoje, ou se na verdade propõe soluções ultrapassadas pelo crescimento das corporações e da forma dispersa pela qual os seus membros estão interligados.

Até porque, por razões que não podemos plenamente abordar aqui, a resolução de desequilíbrios e injustiças económicas que se devem a fenómenos como os movimentos internacionais de capitais, a competição cambial internacional e a existência – obviamente jurídica e politicamente reconhecida – de paraísos fiscais ou de zonas francas não pode ser resolvida satisfatoriamente de forma unilateral ou em pequena escala. A arquitetura financeira internacional, por depender tão estreitamente do enquadramento jurídico global e de instituições supranacionais, constitui um complexo que só uma abordagem sistemática, ainda mais ambiciosa do que o projeto político-económico marxista, pode abordar com sucesso. Suspeitamos de que este modelo alternativo, no qual a expressão da vontade democrática das comunidades e a identificação dos pressupostos morais que regerão a atividade económica constituem elementos legitimadores, enfrenta sérias limitações no que toca à sua aplicação a sociedades muito alargadas e, consequentemente, ao plano internacional, onde os mecanismos de reconhecimento e solidariedade social são, por via da distância, relativamente fracos. A tensão entre a vontade de cada comunidade e a vontade de todos, que nas circunstâncias atuais objetivamente recai sobre os Estados, por um lado, e o plano internacional, por outro, poderá determinar que «experiências» à partida desejáveis para o progresso da liberdade social (e.g. imposto transnacional ou global sobre o capital, proposto por Piketty([186]); extinção de jurisdições livres

---

([186]) Thomas Piketty, *O Capital no Século XXI*, Temas e Debates, 2014.

de impostos, na esteira da recente investigação de Zucman([187]))
não são politicamente sustentáveis. Tal não significa, contudo, que
os possíveis sucessos de novas experiências político-económicas,
transmitidos através da esfera pública internacional, não possam
ajudar à formação de uma noção global de liberdade social; ou,
da mesma forma que, pelo menos no plano teórico, os estudos
sobre teorias de justiça globais têm sido desenvolvidos sob a
égide do liberalismo político internacionalista de Rawls([188]),
a futura conceptualização política ao nível global da ideia de
socialismo aqui discutida afigura-se possível.

No entanto, face à enorme exigência de um novo projeto
global de socialismo, talvez seja mais promissor regressar a Karl
Polanyi e ao modelo de crítica dos mercados autorregulados
que nele encontramos. Recordemos que o socialismo, que para
Polanyi é

> [...] essentially, the tendency inherent in an industrial civilization to transcend the self-regulating market by consciously subordinating it to a democratic society [...]([189]),

e pese embora o facto de não ter impedido a ascensão do fascismo, é, na redefinição com que presentemente lidamos e na
esfera da economia, formado pela dupla promessa: primeiro, do
controlo democrático sobre a economia, cuja expressão concreta
variará consoante as características de cada esfera da produção
e do consumo e das estruturas de que nele tomam parte (de
consumidores, de produtores, de trabalhadores, etc.); e, segundo,

---

([187]) Gabriel Zucman, *The Hidden Wealth of Nations: The Scourge of Tax Havens*, The University of Chicago Press, 2015.

([188]) John Rawls, *Political Liberalism*, Columbia University Press, 1993; John Rawls, *The Law of Peoples, with «the Idea of Public Reason Revisited»*, Harvard University Press, 2001.

([189]) Karl Polyani, *The Great Transformation: The Political and Economic Origins of our Time*, Beacon Press, 2007, p. 242.

da justificabilidade da expressão, em forma de mercado, de cada esfera de produção e consumo. As duas promessas são, à partida, autonomizáveis e não há uma que anteceda necessariamente a outra. Mas enquanto a segunda promessa pode orientar os movimentos políticos de cariz socialista, sem enfrentar por isso grandes inconsistências teóricas, a defender, por exemplo, a retirada da produção de certo bem da esfera do mercado, o cumprimento da primeira promessa levanta outros problemas.

Se o primado da auto-organização democrática reúne possivelmente um consenso mais vasto, a sua expressão concreta e o plano de diferenciação funcional no qual se deve manifestar são mais difíceis de identificar. Como exemplo da relevância que esta questão pode atingir, podemos aqui contrastar as posições de Honneth e Habermas: os erros que o primeiro identifica no projeto socialista são partilhados pelo segundo, mas cada um sugere correções distintas, sobre as quais pairam as influências contrárias de Kant e Hegel. Com efeito, quando Habermas escreve que

> [...] After the collapse of state socialism and the end of the «global civil war», the theoretical error of the defeated party is there for all to see: it mistook the socialist project for the design – and violent implementation – of a concrete form of life. If, however, one conceives «socialism» as the set of necessary conditions for emancipated forms of life about which the participants themselves must first reach an understanding, then one will recognise that the democratic self-organization of the legal community constitutes the normative core of this project as well [...] ([190])

([190]) Jürgen Habermas, B*etween Facts and Norms: Contributions to a Discourse Theory of Law and Democracy*, trans. W. Rehg (Cambridge: MIT Press, 1996) [BFN], xli; *Faktizität und Geltung: Beiträge sur Diskurstheorie des Rechts und des demokratischen Rechtsstaats*, 3. Aufl. (Frankfurt am Main: Suhrkamp, 1993) [F&G].

vemos que a acusação dirigida ao socialismo de estado é da mesma ordem (a confluência errónea entre o projeto emancipatório socialista e uma forma concreta de vida), mas que a solução proposta se distingue por via da natureza atribuída à comunidade – no caso de Habermas, espera-se a harmonização dos interesses dos membros pela lei, que eles coletivamente determinam, enquanto instância mediadora entre factos e normas e entre as várias esferas de diferenciação social; ao passo que, em Honneth, a autodeterminação democrática orgânica, radicada na noção de comunidade, constitui o núcleo da concretização do controlo do «Nós» na esfera da democracia política.

Ora, aqui chegados, encontramo-nos na vizinhança das ideologias que, dependendo da maneira como se interpretam os objetivos no plano económico, propõem regimes com controlo democrático relativamente alargado sobre as várias esferas de diferenciação social: a social-democracia e o socialismo democrático[191]. Ambas abandonaram há muito a fixação numa só classe ou agente social, pelo que a identificação do proletariado enquanto agente condutor do processo histórico socialista, e em cuja consciência a essência da lei histórica se manifestaria, já se tornou, quer teórica quer praticamente, subalterna face à igualdade dos indivíduos enquanto cidadãos. Quem será, portanto, o destinatário do ataque do autor àquelas manifestações de socialismo que ainda consagram um grupo acima dos outros? Se é verdade que o proletariado perdeu a sua relevância discursiva, não é menos verdade que o socialismo continuou – mantendo-se esta tendência ainda viva na *praxis* política contemporânea – a apontar baterias para novos grupos, que reunissem as condições para serem considerados o agente da transformação. Há hoje, diríamos, uma certa estabilização à

---

[191] Consideramos relevante manter viva esta distinção. Cf., João Cardoso Rosas e Rita Ferreira (orgs.), *Ideologias Políticas Contemporâneas*, Edições Almedina, 2013.

volta do conceito de «trabalhador» que, pelo menos nas sociedades europeias, não tem usufruído da expansão do liberalismo tanto quanto esta lhe poderia prover. Mas este consenso relativamente ao carácter excecional do trabalhador revela-se já limitado face à crescente complexidade do fenómeno produtivo (a fragmentação da organização do trabalho tem levado a que muitos trabalhadores não se revejam já enquanto tal, mas antes como «empreendedores» em causa própria, individualizada) e à exclusão de muitos da esfera do trabalho, ou como resultado das políticas do Estado-providência (que protege na velhice e na pobreza, efetivamente diminuindo a população necessariamente ativa no mercado de trabalho), ou devido ao progresso tecnológico atual, que arrisca tornar finalmente real a previsão keynesiana de uma sociedade futura de lazer([192]), suportada pela autonomizada produção de bens. Mesmo a divisão entre rendimentos de capital e do trabalho, que tem estado na base do ressurgimento da desigualdade enquanto categoria central da ciência económica, comporta sérios obstáculos, tendo em conta as complexidades da distribuição de capital.

Deste modo, torna-se ainda mais premente uma das correções, entrevista por Honneth, que sugere o acolhimento, no campo alargado de uma nova «ação socialista», de toda uma série de lutas que, na sua essência, cumprem os critérios estabelecidos pela renovada ideia de socialismo. A nem sempre amistosa relação entre várias formas de emancipação social e política e a luta pela melhoria das condições dos trabalhadores, do ponto de vista dos socialistas moderados, ou mesmo a implementação violenta do socialismo real marcou vários períodos dos séculos XIX e XX. Até quando a afinidade entre as lutas era notória e assumida, a integração do campo das relações sociais e familiares era estrategicamente subordinada a objetivos mais

---

([192]) John M. Keynes, «Economic possibilities for our grandchildren», em *Essays in persuasion*, Palgrave Macmillan UK, 2010, pp. 321-332.

profundos, e difíceis de atingir. Numa carta a Guillaume-Schack, Engels expõe as suas reservas quanto à prioridade da luta pela igualdade de direitos entre homens e mulheres:

> I admit I am more interested in the health of the future generations than in the absolute formal equality of the sexes during the last years of the capitalist mode of production. It is my conviction that real equality of women and men can come true only when the exploitation of either by capital has been abolished and private housework has been transformed into a public industry.([193])

Perdida toda a esperança na identificação do agente histórico da transformação (o proletariado) e toda a crença na previsão das etapas do progresso histórico, a convicção de Engels quanto à prioridade de uma forma de luta sobre as outras perde a sua razão de ser. O socialismo pode então finalmente integrar no seu íntimo aquilo que muitas das autodenominadas formações políticas socialistas já fizeram, por vezes com alguma relutância, ao longo das últimas décadas: a ideia de que a vida social só pode ser cumprida quando o socialismo se refletir nos domínios das interações económicas, das relações pessoais e da determinação democrática coletiva. Conhecedores que somos da tortuosa história do socialismo, esta reafirmação do núcleo fundamental do espírito do socialismo soa impossivelmente exigente; mas se nos parece possível, é porque da «madeira torta» das sociedades se deverá poder construir algo direito.

([193]) *Vide* carta de F. Engels a Guillaume-Schack, *in* Karl Marx, Friedrich Engels, and Kenneth Lapides, *Marx and Engels on Trade Unions*, New York: International Publishers, 1990, p.132.

III

Na novela «Michael Kohlhaas», de Heinrich von Kleist, o comerciante cujo nome dá o título à obra acomete contra a sociedade em que vive, quando esta não lhe permite, apesar da liberdade do foro privado que a lei formalmente lhe confere num sistema jurídico que por sua vez reflete, na sua arbitrária aplicação, a influência que os grupos dominantes (para não cairmos aqui na anacrónica categoria da «classe») detêm sobre a feitura e interpretação do mesmo, o ressarcimento dos danos sofridos no decurso de um conflito menor com o barão von Tronka.

Numa passagem do seu *Das Recht der Freiheit*, Honneth apresenta o caso do comerciante de cavalos de Brandenburgo como manifestação intermédia de uma das patologias da liberdade jurídica, cuja exteriorização máxima é alcançada no caso de um indivíduo que procura exercer os seus direitos jurídicos mesmo quando não foi vítima de desrespeito, de acordo com a sua conceção do bem. Kohlhaas, imbuído do espírito mercantil, poderia ter procurado uma outra espécie de mediação de conflito, ou até calculado, estrategicamente, as possíveis perdas decorrentes quer da litigação, quer da insurreição armada, e desistido da empreitada; optou, no entanto, por ambas: pela reiterada insistência na via legal, pela destruição da sociedade e, quando esta já não era mais possível, pela recusa na aceitação de um compromisso. No fim, tendo cumprido a sua luta, aceitou, passivamente, o total cumprimento da lei.

Mas pretenderia o irreverente Kohlhaas apenas o cumprimento da promessa da igualdade legal formalmente reconhecida? Se a reparação exigida nos tribunais ao barão von Tronka tem origem no desrespeito da sua condição de sujeito igual perante a lei, constituirá a revolta consequente – a meio caminho entre a insurreição social e a destruição – uma mera tentativa de fazer justiça pelas próprias mãos quando a autonomização da personalidade jurídica, isto é, o exercício da sua liberdade legal, não é bem-sucedida, ou antes o princípio da violência que a refundação de uma sociedade formalmente livre mas essencialmente oprimida requer? Pensamos que o exemplo de Michael Kohlhaas representa mais do que uma manifestação estética da patologia da liberdade jurídica, no contexto da recém-instaurada liberdade social formal. Quer as suas próprias noções de justiça, para as quais Kohlhaas reverte, quer a sua ânsia de vingança, apoiada por outros rebeldes, remetem o caso extremo de Kohlhaas para o dilema entre a luta dentro da legalidade ou fora desta, isto é, entre a busca da justiça através das estruturas de mediação já existentes ou através da criação de novas esferas de integração social. Mas nós já conhecemos esta problemática no âmbito da discussão acerca da melhor estratégia para a implementação do socialismo – a vetusta dicotomia entre reforma e revolução. É certo que o ímpeto destruidor de Kohlhaas é tão forte que parece não haver mais do que o desejo de pura vingança, mas que ele tenha dirigido essa vingança contra a sociedade e não apenas contra o barão que o prejudicou mostra que ele via na sociedade a fonte dos seus problemas.

O «excesso» de Kohlhaas era a revolução de quem nada tinha para propor, que não fosse o regresso à ordem pré-mercantil ou até mesmo a anarquia; a reforma não fazia ainda parte do seu horizonte, dada a ausência de vias de determinação democrática. Quando, séculos mais tarde, a reforma se tornou possível, a crítica havia ultrapassado o âmbito do indivíduo e o remédio exigido era já muito mais vasto que o ressarcimento dos prejuízos. Hoje, a revolução parece-nos tão possível como a reforma para Kohlhaas. A grande tarefa com que o socialismo se depara hoje é a de se tornar novamente atrativo num tempo em que apenas a reforma parece credível. Torna-se necessário, portanto, adaptar a ideia de socialismo ao nosso tempo, para que dela saiam as orientações para uma nova economia política.

Incorremos, contudo, no perigo de tornar anódino o que antes era agressivo. O desejo de fazer refletir na renovada ideia de socialismo a dissolução das noções ancoradas na *estrutura mental* do período industrial, e uma teoria da génese da sociedade que, apesar do corte radical face aos pressupostos hobbesianos, tomou para si a *estrutura moral* da burguesia ascendente – a preponderância do trabalho, a valorização pós-romântica do Amor e o espanto face ao progresso técnico –, poderá ser tido por diacrónico. O que apenas confirma a guarda de Janus na já longa história das revisitações do socialismo, que sempre se fez olhando para trás e para a frente.

Pedro A. Teixeira
Investigador do Instituto Otto-Suhr em Berlim

Berlim, junho de 2016

Índice onomástico

Adorno, Theodor W. – 21, 69
Albert, Mathias – 139
Anderson, Benedict – 47
Anderson, Elizabeth – 135
Anderson, Perry – 48
Archard, David – 32
Arendt, Hannah – 134

Bahl, Friederike – 103
Beauvoir, Simone de – 117
Bebel, August – 119
Beck, Ulrich – 140
Beckert, Jens – 98
Bell, Daniel – 62
Berlin, Isaiah – 38, 152, 154
Bernstein, Eduard – 57
Blanc, Louis – 27, 54, 58-59, 66, 73, 109, 157
Blanqui, Auguste – 54
Bloch, Ernst – 14

Böckenförde, Ernst-Wolfgang – 126
Bonß, Wolfgang – 62
Bourdieu, Pierre – 16
Brock, Lothar – 139
Brudney, Daniel – 32, 34-36, 48, 153
Brunner, Otto – 19
Bucharin, Nikolai – 70

Castoriadis, Cornelius – 60, 63, 67, 76
Cohen, Gerald A. – 64, 68, 123
Cohen, Jean L. – 60
Cohen, Joshua – 76
Cole, Georges D.H. – 22, 25, 27, 53, 65-66, 92
Colliot-Thélène, Catherine – 55
Condorcet, Marquis de – 65-66
Conze, Werner – 19

Cowie, Jefferson – 64

Deborin, Abram – 70
Dewey, John – 23, 70, 85-89, 91-92, 94, 98, 129, 133-134
Dosse, François – 63
Droz, Jacques – 22, 25, 53, 58
Durkheim, Émile – 9, 23-24, 28, 123, 125, 127, 133-134, 152, 161
Dylan, Bob – 64

Elson, Diane – 99
Engels, Friedrich – 16, 32, 54, 61, 67-68, 82, 112, 115, 117, 127, 151, 155, 167,
Etzioni, Amitai – 96

Festl, Michael – 100, 103
Feuerbach, Ludwig – 31, 33
Fourier, Charles – 21-22, 25, 54
Frega, Roberto – 129
Fröbel, Julius – 116
Fromm, Erich – 62

Gambetta, Léon – 116
Gay, Peter – 73
Gerhard, Ute – 118
Good, James A. – 89
Grande, Edgar – 140
Groh, Dieter – 69
Grotius, Hugo – 19
Gorz, André – 64
Grünberg, Carl – 20
Gustafsson, Bo – 57

Habermas, Jürgen – 76, 113, 116, 134, 150-152, 164-165
Hamilton, Lawrence A. – 39
Hardt, Michael – 64
Haug, Wolfgang Fritz – 121
Haupt, Georges – 132
Hayek, Friedrich August von – 39, 149, 156-157
Hegel, G.F.W. – 31-32, 39-40, 54, 57, 66-67, 81-82, 86, 89, 91-92, 103, 111-112, 125-126, 126, 128, 130, 152-154, 161, 164
Heimann, Eduard – 51, 79
Holz, Hans Heinz – 21
Hennings, Lars – 127
Herzog, Lisa – 27, 83-84, 97, 161
Hindrichs, Gunnar – 40
Hirschman, Albert O. – 96
Hobbes, Thomas – 110
Holmes, Stephen – 111
Hook, Sidney – 129
Horkheimer, Max – 62
Hume, David – 110

Jaeggi, Rahel – 32, 55, 60, 89
Jay, Martin – 48
Joas, Hans – 135

Kambartel, Friedrich – 96, 98
Kant, Immanuel – 38-39, 104, 152, 161, 164
Koselleck, Reinhart – 19

Lehnert, Detlef – 56

ÍNDICE ONOMÁSTICO | 173

Leibniz, Gottfried Wilhelm – 21-22
Lichtheim, George – 22
Locke, John – 110
Loick, Daniel – 32, 55, 60
Lowy, Michael – 132
Luhmann, Niklas – 110-112, 127
Lukács, Georg – 48

Mager, Wolfgang – 115
Marcuse, Herbert – 48
Marx, Karl – 16, 30-37, 39, 44, 49, 51, 53-55, 60-61, 67-69, 71-73, 75, 79, 81-83, 85, 92, 95-96, 108--109, 112, 115, 117, 126-128, 130, 150-151, 153, 155-157, 159, 167
Mason, Andrew – 41, 47
Maurer, Andrea – 112
Merfeld, Mechthild – 118
Merleau-Ponty, Maurice – 48, 70
Mill, James – 31, 36
Mill, John Stuart – 9, 24
Miller, David – 28, 46
Mollenhauer, Daniel – 116
Monal, Isabel – 121
Moore, Barrington – 17
Mooser, Josef – 63
Moyn, Samuel – 15

Nance, Michael – 99
Nash, Kate – 138
Negri, Antonio – 64
Neuhouser, Frederick – 11, 39, 55, 57
Nisbet, Robert – 65, 73

Owen, Robert – 14, 20, 22, 24-25, 49, 58, 66

Petrović, Gajo – 76
Pettit, Philip – 39-40, 42, 46, 154
Piketty, Thomas – 83, 142, 162
Polanyi, Karl – 96, 99, 163
Proudhon, Pierre-Joseph – 27, 29-31, 39, 49, 53, 58-59, 66-67, 92, 109, 116-117, 157, 159
Pufendorf, Samuel von – 19-20

Rancière, Jacques – 16
Rawls, John – 35, 43, 48, 90-91, 100, 125, 143-144, 150, 163
Raz, Joseph – 41
Roemer, John – 76, 97, 99
Rogers, Joel – 76
Rosenberg, Arthur – 108
Rousseau, Jean-Jacques – 33, 38-39, 52, 114

Särkelä, Arvi – 88
Salomon-Delatour, Gottfried – 25, 53, 58, 65, 117
Sandkühler, Hans Jörg – 70
Schieder, Wolfgang – 19-20, 22, 56
Schimank, Uwe – 112, 131
Schmidt, Alfred – 69
Schneewind, Jerome B. – 38
Schrupp, Antje – 119
Schulz, Kristina – 121
Schumpeter, Joseph A. – 9, 24
Shock, John R. – 89

Sillitoe, Alan – 64
Saint-Simon, Henri de – 24-25, 44, 52-53, 58, 65-66, 68-69, 72, 85, 112, 157
Skinner, Quentin – 39, 40
Smith, Adam – 32, 83-84, 113, 157, 161
Staab, Philipp – 103
Stahl, Titus – 12, 16
Streeck, Wolfgang – 83

Theunissen, Michael – 96
Turgot, Anne Robert Jacques – 65

Tyrell, Hartmann – 110, 127, 139

Vester, Michael – 25
Volkmann, Ute – 112
Vranicki, Predrag – 76

Walzer, Michael – 129
Weber, Max – 9, 59, 81, 113
Weill, Claudie – 132
Wolff, Michael – 126
Wright, Erik Olin – 76, 80, 84, 101-102, 158
Wuthnow, Robert – 23-24, 115

Índice

Prefácio 9

Introdução. 13

I. A ideia original:
   absorção da revolução pela liberdade social 19

II. O pensamento antiquado:
   ligação ao espírito e à cultura do industrialismo. ... 45

III. Caminhos de renovação (1):
   socialismo como experimentalismo histórico 75

IV. Caminhos de renovação (2):
   a ideia de uma forma de vida democrática. 107

Posfácio
As duas faces do socialismo 149

Índice onomástico 171

BIBLIOTECA DE TEORIA POLÍTICA

1. *A Razão das Nações. Reflexões sobre a Democracia na Europa*, de Pierre Manent
2. *O Caminho para a Servidão*, de Friedrich Hayek, com Introdução de João Carlos Espada
3. *Direito Natural e História*, de Leo Strauss, com Introdução de Miguel Morgado
4. *Anarquia, Estado e Utopia*, de Robert Nozick, com Introdução de João Cardoso Rosas
5. *O Nascimento da Biopolítica*, de Michel Foucault, com Introdução de Bruno Maçães
6. *Estado de Excepção*, de Giorgio Agamben
7. *A Sociedade Aberta e os seus Inimigos – Vol. I: O Sortilégio de Platão*, de Karl Popper, com Prefácio de João Carlos Espada
8. *A Sociedade Aberta e os seus Inimigos – Vol. II: Hegel e Marx*, de Karl Popper
9. *Vigiar e Punir. Nascimento da Prisão*, de Michel Foucault, com Introdução de António Fernando Cascais
10. *A Lei dos Povos e A Ideia de Razão Pública Revisitada*, de John Rawls
11. *Sobre o Estado*, de Pierre Bourdieu
12. *O Conceito do Político*, de Carl Schmitt, com Introdução e Notas de Alexandre Franco de Sá
13. *História Intelectual do Liberalismo*, de Pierre Manent